O DIVÓRCIO
na atualidade

www.editorasaraiva.com.br/direito
Visite nossa página

Pablo Stolze Gagliano

Juiz de Direito na Bahia. Professor de Direito Civil da UFBA – Universidade Federal da Bahia, da Escola da Magistratura do Estado da Bahia e do Curso LFG. Mestre em Direito Civil pela PUC-SP – Pontifícia Universidade Católica de São Paulo. Especialista em Direito Civil pela Fundação Faculdade de Direito da Bahia. Membro da Academia Brasileira de Direito Civil – ABDC e da Academia de Letras Jurídicas da Bahia.

Rodolfo Pamplona Filho

Juiz Titular da 32ª Vara do Trabalho de Salvador/BA. Professor Titular de Direito Civil e Direito Processual do Trabalho da UNIFACS – Universidade Salvador. Coordenador dos Cursos de Especialização em Direito e Processo do Trabalho da Faculdade Baiana de Direito e dos Cursos de Especialização *on-line* em Direito Contratual e em Direito e Processo do Trabalho da Estácio (em parceria tecnológica com o CERS Cursos *on-line*). Professor Associado II da graduação e da pós-graduação (Mestrado e Doutorado) em Direito da UFBA – Universidade Federal da Bahia. Mestre e Doutor em Direito das Relações Sociais pela Pontifícia Universidade Católica de São Paulo – PUC-SP. Máster em Estudios en Derechos Sociales para Magistrados de Trabajo de Brasil pela UCLM –Universidad de Castilla-La Mancha/Espanha. Especialista em Direito Civil pela Fundação Faculdade de Direito da Bahia. Membro e Presidente Honorário da Academia Brasileira de Direito do Trabalho. Membro e Presidente da Academia de Letras Jurídicas da Bahia e do Instituto Baiano de Direito do Trabalho. Membro da Academia Brasileira de Direito Civil – ABDC, do Instituto Brasileiro de Direito Civil – IBDCivil e do Instituto Brasileiro de Direito de Família – IBDFAM.

Pablo Stolze Gagliano
Rodolfo Pamplona Filho

O DIVÓRCIO
na atualidade

4ª edição

2018

ISBN 978-85-53600-43-4

DADOS INTERNACIONAIS DE CATALOGAÇÃO NA PUBLICAÇÃO (CIP)
ANGÉLICA ILACQUA CRB-8/7057

Gagliano, Pablo Stolze
 O divórcio na atualidade / Pablo Stolze Gagliano e Rodolfo Pamplona Filho. – 4. ed. – São Paulo : Saraiva Educação, 2018.

 1. Direito de família 2. Divórcio 3. Divórcio - Brasil 4. Direito civil I. Título

SOMOS | saraiva jur
Av. das Nações Unidas, 7.221, 1º andar, Setor B
Pinheiros – São Paulo – SP – CEP 05425-902

SAC | 0800-0117875
De 2ª a 6ª, das 8h às 18h
www.editorasaraiva.com.br/contato

18-0670   CDU 347.627.2(81)

Índice para catálogo sistemático:
1. Brasil : Divórcio : Direito civil   347.627.2(81)

Diretoria executiva	Flávia Alves Bravin
Diretoria editorial	Renata Pascual Müller
Gerência editorial	Roberto Navarro
Consultoria acadêmica	Murilo Angeli Dias dos Santos
Edição	Eveline Gonçalves Denardi (coord.) Aline Darcy Flôr de Souza
Produção editorial	Ana Cristina Garcia (coord.) Carolina Mihoko Massanhi Rosana Peroni Fazolari
Arte e digital	Mônica Landi (coord.) Claudirene de Moura Santos Silva Fernanda Matajs Guilherme H. M. Salvador Tiago Dela Rosa Verônica Pivisan Reis
Planejamento e processos	Clarissa Boraschi Maria (coord.) Juliana Bojczuk Fermino Kelli Priscila Pinto Marília Cordeiro Fernando Penteado Mônica Gonçalves Dias Tatiana dos Santos Romão
Novos projetos	Fernando Alves
Projeto gráfico	Mônica Landi
Diagramação	NSM Soluções Gráficas Ltda.
Revisão	Daniela Georgeto
Capa	Tiago Dela Rosa
Produção gráfica	Marli Rampim Sergio Luiz Pereira Lopes
Impressão e acabamento	Edições Loyola

Data de fechamento da edição: 22-6-2018

Dúvidas? Acesse www.editorasaraiva.com.br/direito

Nenhuma parte desta publicação poderá ser reproduzida por qualquer meio ou forma sem a prévia autorização da Editora Saraiva. A violação dos direitos autorais é crime estabelecido na Lei n. 9.610/98 e punido pelo art. 184 do Código Penal.

CL 605094   CAE 627832

Dedicamos esta obra

A nosso Senhor Jesus Cristo, cujos ensinamentos sobre o casamento e o divórcio jamais serão desprezados, na certeza de que a dureza dos corações é amenizada pelo conforto de um amor sereno;

Ao Prof. Dr. Paulo Luiz Netto Lôbo, destacado advogado, notório docente e doutrinador, precursor da compreensão constitucional do Direito Civil e que nos inspirou a produzir esta obra, no "estalo de Vieira em Arapiraca";

E ao sentimento do afeto, que se renova a cada manhã, sempre na esperança de encontrar a eternidade.

Agradecimentos

Se há algo que gostamos sempre de fazer, por coerência afetiva e sentimento de justiça, é registrar publicamente os agradecimentos a quem nos apoiou na elaboração de qualquer obra.

Assim sendo, mesmo com a inevitável convicção de que toda menção de nomes acaba pecando pela omissão involuntária de outros amigos colaboradores, tornamos pública nossa gratidão a nossos pais (Pinho, Virgínia e Lourdes Pamplona), esposas (Kalline e Emilia), irmãos (Fred, Camila, Luiz Augusto e Ricardo) e filhos (Bibi e Nana; Marina e Rodolfinho), com o pedido de perdão pela nossa ausência em momentos de lazer e descanso, notadamente nas festas de final de ano de 2009, para nos concentrarmos nesta obra, e também a Aline Darcy Flor de Souza, Deborah Caetano de Freitas Viadana, Claudio Leising, Flavia Bravin, Luiz Roberto Curia, Murilo Sampaio, Luiz Carlos Assis Júnior, Vicente Passos, Ana Paula (bibliotecária da Faculdade Baiana de Direito), Stefan Dudovitz, Ronaldo Ruy R. Reis, Leandro Lomeu (Prof. de Direito Civil, Governador Valadares-MG), Maviane Lemos, Gustavo Gesser, Fernanda Barretto, os irmãos do grupo de oração e a todos os queridos amigos que, embora aqui não nominados, contribuíram, de uma forma ou de outra, para o resultado final apresentado ao nosso estimado leitor.

Destacamos, finalmente, um fraternal agradecimento ao amigo, companheiro, verdadeira liderança dos civilistas nacionais, Luiz Edson Fachin, o nosso "poeta do Direito Civil", pela atenção e amizade sempre sinceramente demonstradas.

Índice

Agradecimentos	7
Prefácio	13
Apresentação	17
Nota dos autores à 4ª edição	21
Nota dos autores	23
Capítulo I – INTRODUÇÃO AO TEMA DO DIVÓRCIO	25
Capítulo II – NOÇÕES CONCEITUAIS SOBRE O DIVÓRCIO E EXTINÇÃO DO VÍNCULO CONJUGAL ...	28
1. Conceito de divórcio	28
2. A morte como forma de extinção do vínculo conjugal	28
3. Rápidas palavras sobre a declaração de nulidade do casamento ..	33
Capítulo III – CONCEPÇÃO HISTÓRICA DO DIVÓRCIO NO BRASIL	35
1. Considerações iniciais	35
2. Indissolubilidade absoluta do vínculo conjugal (ausência de divórcio)	35
3. Possibilidade jurídica do divórcio, com imprescindibilidade da separação judicial como requisito prévio	42
4. Ampliação da possibilidade do divórcio, seja pela conversão da separação judicial, seja pelo seu exercício direto	44
5. O divórcio como o simples exercício de um direito potestativo ..	45
Capítulo IV – A MATEMÁTICA DO DIVÓRCIO	46

9

Capítulo V – O DIVÓRCIO NO BRASIL, A PARTIR DA
EMENDA CONSTITUCIONAL N. 66/2010,
NO BRASIL 52
1. Introdução 52
2. Um pouco da história da Emenda Constitucional n. 66/2010 ... 54
3. Objeto da Emenda 59
   3.1. Extinção da separação judicial 59
   3.2. Extinção do prazo de separação de fato para o divórcio 69

Capítulo VI – O DIVÓRCIO EXTRAJUDICIAL 74
1. Considerações introdutórias sobre a desjudicialização do divórcio 74
2. Disciplina normativa do divórcio extrajudicial 77

Capítulo VII – O DIVÓRCIO JUDICIAL 82
1. Considerações iniciais sobre o divórcio judicial 82
2. Algumas palavras sobre o divórcio judicial indireto 83
3. Sobre o divórcio judicial direto 84

Capítulo VIII – FUNDAMENTO DO DIVÓRCIO JUDICIAL
LITIGIOSO 91
1. O sentido do divórcio judicial litigioso com a nova disciplina normativa do divórcio 91
2. Considerações sobre a derrocada da culpa no divórcio 91

Capítulo IX – A SEPARAÇÃO DE CORPOS APÓS A NOVA
DISCIPLINA DO DIVÓRCIO 99
1. Reflexões introdutórias 99
2. Algumas considerações sobre o dever conjugal de coabitação 99
3. O débito conjugal 100
4. A subsistência jurídica da separação de corpos 104

Capítulo X – GUARDA DE FILHOS NO DIVÓRCIO 109

Capítulo XI – USO DO NOME NO DIVÓRCIO 116

Capítulo XII – ALIMENTOS NO DIVÓRCIO 118

Capítulo XIII – REGIME DE BENS COM O ADVENTO DA
EMENDA CONSTITUCIONAL N. 66/2010,
NO BRASIL 128

Capítulo XIV – ASPECTOS PROCESSUAIS DO DIVÓRCIO 133
1. Competência 133
2. Legitimidade 138
3. Petição inicial e documentos 138
4. Rito processual 139
5. Tentativa de conciliação, mediação extrajudicial ou atendimento multidisciplinar 140
6. Citação 142
7. Audiência 144
8. Matéria de resposta no divórcio litigioso 145
9. Partilha de bens 145
10. Efeitos jurídicos da reconciliação pós-ajuizamento do pedido de divórcio 147

Capítulo XV – QUESTÕES DE DIREITO INTERTEMPORAL   148
1. Situação jurídica das pessoas separadas judicialmente quando da promulgação da Emenda Constitucional 148
2. Processos de separação judicial em curso, sem prolação de sentença   149

Referências 152

Anexo 1 – Resolução n. 35, de 24 de abril de 2007, do Conselho Nacional de Justiça 156
Anexo 2 – Resolução n. 120, de 30 de setembro de 2010, do Conselho Nacional de Justiça 163

Prefácio

A mudança constitucional em relação ao divórcio não é apenas uma simplificação processual ou procedimental. É de magnitude que precisa ser revelada. Interessa não apenas aos aplicadores do Direito, no seu cotidiano profissional, mas sobretudo à sociedade brasileira, em sua lenta e progressiva configuração cultural, e aos estudiosos das relações familiares. É substancial a contribuição trazida ao tema, sob a ótica do Direito, por esses dois excelentes e dedicados civilistas da nova geração, os professores e magistrados Rodolfo Pamplona Filho e Pablo Stolze Gagliano, que conseguem reunir qualidade acadêmica, experiência profissional e didatismo no que escrevem.

A nova redação do § 6º do art. 226 da Constituição Federal é o epílogo do que os autores denominam "revolução silenciosa", no rumo da emancipação das autonomias dos cônjuges, da afirmação de suas liberdades para constituir, desconstituir e reconstituir seus projetos de vida familiar. Ao mesmo tempo, concretiza um dos princípios caros do Direito de Família contemporâneo, que é o da intervenção mínima do Estado na vida privada, que dá lugar ao princípio estruturante da ordem jurídica brasileira, a dignidade da pessoa humana, adequadamente salientados nesta obra.

A Emenda pode ser considerada, igualmente, o termo final da luta tenaz e duradoura pela concretização do princípio republicano da laicidade nas relações familiares e no próprio Direito de Família. Somente agora, após 121 anos da proclamação da República no Brasil, a promessa de separação do Estado e da Igreja se consumou, com o desaparecimento do modelo canônico da separação com permanência do vínculo conjugal (mantido na redação atual do Código Canônico), que o Código Civil de 1916 denominou "desquite" e a legislação do divórcio de 1977, de "separação judicial". O modelo canônico apenas fez sentido enquanto existiram a Igreja e a religião oficiais no Brasil, integradas ao Estado colonial e ao Estado imperial, durante os 389 anos após o descobrimento pelos portugueses. Mas a laicidade, indispensável à liberdade de crença religiosa e de projeto de vida, não alcançou o Direito de Família, que permaneceu marcado pelos modelos canônicos de indissolubilidade do vínculo conjugal, da ilegalidade de outras entidades familiares, da legitimidade e ilegitimidade dos filhos e dos incontrastáveis poderes marital e paternal. A própria Emenda Constitucional de 1977, que introduziu o divórcio no Brasil, fê-lo condicionado à prévia separação judicial por mais de três anos. A Constituição de 1988 manteve o resíduo canônico da separação com permanência do vínculo, como faculdade ou como pré-requisito para redução do tempo para se requerer o divórcio, dito por conversão daquela.

A história do Direito de Família no Brasil é a das desigualdades de gêneros, de entidades familiares, de filhos e da veiculação de valores teologais e da família patriarcal. A intervenção máxima do Estado legislador nas relações familiares tinha, portanto, o sentido de assegurar esses valores, em elevado grau de *"quantum* despótico", como categorizava Pontes de Miranda. Em uma sociedade democrática, que também contempla a democracia nos grupos sociais como a família, a intervenção do legislador na ordem familiar deve ser mínima, ao contrário do que se justifica na ordem econômica para a proteção dos hipossuficientes e da economia popular.

De raiz canônica eram também as causas que legitimavam a separação, qualificando os cônjuges em culpados e inocentes, com repercussão inclusive no Código Civil de 2002. Desaparecendo a separação como pré-requisito ou faculdade, desaparecem as causas que a ensejavam. Preserva-se a vida privada, pois as razões que levam os casais a se separarem devem ficar imunes ao espaço público e ao conhecimento do Estado, pois inteiramente desvestidas de interesse público. Na contemporaneidade, as razões do amor ou do desamor não devem ser objeto de sindicação forçada.

Os autores ressaltam os temas que são alçados ao interesse público e apenas eles devem ser objeto de estipulação pelos cônjuges divorciandos, ou, no divórcio judicial litigioso, de decisão judicial: a guarda e proteção dos filhos menores, a pensão alimentícia destes ou do outro cônjuge, a manutenção ou não do sobrenome do outro, a partilha dos bens. Para cada uma dessas situações, os autores dedicam reflexões e indicações hauridas da experiência judicial brasileira.

Para o *day after*, em virtude do advento da Emenda Constitucional, os autores tecem considerações apropriadas e didáticas acerca das normas infraconstitucionais que foram por ela atingidas e, consequentemente, revogadas, e as que permanecem hígidas, tanto em relação aos tipos de divórcio (extrajudicial e judicial) quanto às situações antes referidas que devem ser objeto de consenso dos divorciandos ou de decisão judicial. Quanto às primeiras, demonstram os autores que sua revogação não é apenas de natureza formal, mas também conceitual, em virtude do único modelo de extinção voluntária do casamento, que é o divórcio, englobando o que se denominava extinção da sociedade conjugal e extinção do vínculo conjugal. De grande importância são as consequências de direito intertemporal, enfrentadas com proficiência pelos autores.

Por fim, o agradecimento pela imerecida homenagem que me fizeram, ao me dedicarem esta obra. Tributo-a à generosidade desses inestimáveis amigos da boa terra da Bahia, em reconhecimento, que expressaram, pelo estímulo desinteressado que redundou na elaboração desta obra. Em encontro casual, após participação em evento jurídico na cidade de Arapiraca, conversamos longamente sobre os efeitos que seriam irradiados na legislação e na prática profissional, pela Emenda Constitucional, enviando-lhes, em seguida, texto de artigo que tinha escrito a pedido da Diretoria Nacional do Instituto Brasileiro de Direito de Família – IBDFAM. Não podia imaginar que as ideias agitadas, com grande concordância entre nós, se convertessem nesta extensa obra, que praticamente esgotou a matéria, em sacrifício para ambos os autores das férias de fim do ano de 2009. Sacrifício para eles e benefício para a classe jurídica brasileira, agraciada com este bom trabalho.

Paulo Lôbo
Doutor em Direito Civil (USP), Diretor do IBDFAM,
ex-Ministro do CNJ.

Apresentação

A Família de Um Novo Tempo

A literatura jurídica deve seguir a advertência que fazia Manuel Bandeira (na obra *As meninas e o poeta*) e *molhar a pena no orvalho*. Ao assim proceder, virão para o texto, ao som do pensamento contemporâneo, as auroras cantadas na poesia e traduzidas na concreta preocupação com o direito e a justiça.

A obra que apresento intenta singrar essas águas que se traduzem numa tríade: informação, interpretação e criação. Entrega-se aqui ao leitor um caminho bem trilhado.

Eis, nesta ocasião, recentes ponderações que aquiesceram os artífices desta insigne publicação, à vista das controvertidas novidades impelidas pelo hodierno aditamento constitucional, no composto das inovações no Direito de Família.

Sob apreciação científica, o livro faz ensaio com refinamento do desígnio extensivo que desarraigou – do panorama infraconstitucional familiarista – quantia da estéril e dogmática preponderância do Estado julgador, cujo senhorio se acometia ofensivo ao caminhar do "livre-arbítrio" afetuoso.

Alvitra-se maior liberdade e responsabilidade dos cônjuges sobre a contumácia ou eventual necessidade de amortização do consórcio nupcial, subjetividade esta que retrata mais uma vez a irrefutável primazia dos preceitos fundamentais constitucionais em obséquio ao sistema normativo civil codificado.

Colhe-se na obra de Pablo Stolze Gagliano e Rodolfo Pamplona Filho o complexo histórico que polarizou a rigidez das rupturas.

Neste estreito, cumpriram os autores arrazoar sobre os efeitos limiares da desburocratização tanto do processo de surgimento quanto da extinção do consórcio familiar nos seus diferentes aspectos, trazendo à vista uma inovadora consubstanciação do elemento caracterizador da cessação do vínculo nupcial, qual seja: a ausência do amor que outrora unia o casal, deixando de lado a ancestral necessidade de localização do hipotético responsável, louvando-se, mais uma vez, o princípio maior da dignidade da pessoa humana, restando ao domínio estatal disciplinar, essencialmente, as relações aparentadas com o uso do nome, a preservação dos filhos, os mantimentos e a divisão patrimonial.

Memora-se em breves notas que o instituto da separação judicial, cuja precedência adveio do anoso "desquite", resultava tão somente no desfazimento da sociedade conjugal, pondo fim apenas a determinados deveres matrimoniais como coabitação e lealdade recíproca, facultando-se a realização da partilha em um momento póstumo.

Cumpriu-se, nos ditames desta obra, inferir apontamentos categóricos retratando a evidente perda dos alentos jurídicos que amparavam os preceitos infraconstitucionais atinentes à separação judicial.

É para isso que se propõem desafios à literatura jurídica: *entre o direito e a justiça, dar espaço à ética da responsabilidade* (como escreveu Paolo Grossi à pagina 46 do estudo "El diritto civile tra la rigidità di ieri e la mobilità di oggi", *estratto* da *Scienza Giuridica Privatística e Fonti del Diritto*, Quaderni di Diritto Privato Europeo – Atti 1, Incontro di Studio – Bari, 4 dicembre 2007, a cura di Michele Lobuono).

Diante da configuração exclusiva do divórcio direto, elaborou-se o presente escrito conduzindo o estabelecimento do divórcio à classe dos direitos potestativos, tornando-se este factível por quaisquer dos cônjuges, independentemente de fluência de tempo determinado ou correspondente à separação de fato ou ainda de qualquer outro enunciado sugestivo sobre o esgotamento da vivência comum. Basta, meramente, a um dos cônjuges não almejar mais se conservar matrimonialmente ligado ao outro, podendo formular petição administrativa ou processual, classificando-se o direito brasileiro – diante do exposto – em um dos mais generosos do mundo!

Vislumbrando este panorama, tonificou-se neste livro, sobretudo, o princípio da ruptura do afeto, enceto este caracterizado como o simples e suficiente fundamento para a configuração do divórcio, ou seja, sedimentando-se a possibilidade de invocação do divórcio sem antes comprovar motivação especial ou, quer-se, prazo determinado. Assim bem o expôs a obra que ora tenho a honra de apresentar.

Em conseguinte, nela arrematou-se prospecto elucidativo sobre a acessão do divórcio como um poder de deliberação personalíssima, descabendo ao Estado adentrar, menos ainda definir tempo de reflexão com o fito de promover uma possível reconciliação por parte dos pretensos divorciandos.

Sobre essa temática, impenda-se neste momento arrazoar em síntese as considerações compreendidas pelos artífices, cujos escritos retratam o divórcio extrajudicial como o propulsor de inúmeras vantagens práticas, individualizando o divórcio judicial como medida de exceção aplicável simplesmente aos casos especiais, como na hipótese de existência de filhos menores ou incapazes.

Cumpra-se, nessa seara, corroborar as notas dos escritores sopesando que, mesmo diante da ascensão do instituto do divórcio para o coeficiente de direito potestativo, ainda se faz necessária a vivência do divórcio judicial litigioso, aplicável nas hipóteses em que os divorciandos não se acertam quanto aos efeitos jurídicos da separação como: a guarda dos filhos, alimentos, uso do nome e divisão do patrimônio familiar, deixando de lado, no entanto, qualquer altercação ou inquirição do culpado pelo término da relação conjugal.

Ponderando que, em virtude das alterações promovidas, restou a falência afetuosa da relação como embasamento singular para a decretação do divórcio, aquilataram os autores evocando a inutilidade das incansáveis buscas pelo divorciando eivado de culpabilidade, não havendo mais ambiente, portanto, para se falar em razões subjetivas ou objetivas causadoras do término das núpcias. Desde o final do século pretérito evocava-se essa tese no seio do IBDFAM – Instituto Brasileiro de Direito de Família.

Tal alusão sobre o banimento dos efeitos da responsabilidade, conforme se observa incorporado também no moderno Direito de Família, repercutiu sobre os efeitos jurídicos pessoais e patrimoniais, como a definição de alimentos, ou a guarda dos filhos, descabendo ao juiz, em conseguinte, buscar razões para o fim das bodas, restando *o fim do amor como motivo suficiente*. Assim bem expuseram os autores.

Por efeito da exposição aqui tencionada, compreende-se da presente obra que o extraordinário fundamento, para a decretação do divórcio no Brasil, passou a ser o fim da afeição, não se determinando mais motivo específico algum ou período mínimo de separação de fato para deferimento do pedido de divórcio.

Com os cumprimentos devidos, prestam os autores importante serviço à literatura jurídica brasileira, e o fazem banhados pelo sereno forense legitimador das informações, interpretações e críticas expostas.

Alinharam-se, pois, na expressão de Francisco Amaral, ao *"Direito Civil que se quer vivente"*.

Luiz Edson Fachin
Professor Titular da Faculdade de
Direito da Universidade Federal do Paraná.

Nota dos Autores à 4ª Edição

Foi com grande satisfação que recebemos a notícia da Editora Saraiva de que era hora de fazer uma quarta edição deste livro.

Escrito originalmente por força do impacto que a Emenda Constitucional n. 66 causou no ordenamento jurídico pátrio, o tema do divórcio continua objeto de profundas inquietações na sociedade brasileira.

Para esta nova edição, procedemos com a revisão de posicionamentos adotados em momentos anteriores, bem como incorporamos manifestações do Superior Tribunal de Justiça, de forma a entregar, ao nosso fiel público leitor, o livro mais completo e atualizado possível.

Consideramos que a tarefa de revisão foi tão adequada que acolhemos sugestão de modificação do nome do livro de *O novo divórcio* para *O divórcio na atualidade*, dado o decurso para o lançamento da primeira edição.

Como de costume, disponibilizamos nossos e-mails pessoais para trocarmos impressões e experiências com todos que quiserem se debruçar sobre o tema.

Vamos em frente!

Salvador, junho de 2018

Pablo Stolze Gagliano
pablostolze@terra.com.br e www.pablostolze.com.br
Rodolfo Pamplona Filho
rpf@rodolfopamplonafilho.com.br e www.rodolfopamplonafilho.com.br

Nota dos Autores

Esta obra pretende ser a nossa sincera e modesta contribuição para a construção de uma nova realidade.

De fato, com a modificação da disciplina normativa do divórcio no Brasil, muitas dúvidas surgiram, surgem e ainda surgirão na mente de todos aqueles que se debruçam sobre o tema.

Apresentar um texto enxuto que enfrente as primeiras interrogações já seria, por si só, uma proposta de efetiva colaboração aos estudiosos da matéria.

Contudo, a alteração do texto constitucional, no particular, não pode ser encarada como uma simples mudança legislativa a ser objeto de comentário, consistindo, em verdade, no início de uma nova mentalidade sobre a questão do desfazimento do vínculo conjugal no Brasil.

De fato, divorciar-se passa, agora, mais do que nunca, a ser o simples exercício de um direito potestativo, sem requisitos temporais ou de fundamentação vinculada.

Trata-se de uma "revolução silenciosa" do modo de encarar o término da relação conjugal, o que, por certo, ainda encontrará grande resistência por parte daqueles que forem extremamente apegados à mentalidade do sistema anterior.

Enfrentar a mudança cultural é o desafio.

Que consigamos "nos divorciar" de paradigmas superados e encontremos a melhor maneira de formar e desfazer vínculos afetivos...

Salvador, janeiro de 2010

Capítulo I

Introdução ao Tema do Divórcio

Não encontramos melhor maneira de iniciar este livro, senão lembrando Vinícius:

> *"Eu possa me dizer do amor (que tive):*
> *Que não seja imortal, posto que é chama,*
> *Mas que seja infinito enquanto dure".*

A magnífica inspiração do autor, em seu famoso "Soneto da Fidelidade", alcança, com precisão, o aparente paradoxo da dimensão finita da profundidade do amor que acaba, porquanto os laços de sentimento que unem os parceiros podem, nas veredas da vida, desfazer-se.

E não se diga, com isso, que, por haver a chama apagado, amor não existiu!

De forma alguma.

Só se apaga o que se acendeu; só se extingue o que efetivamente existiu...

Arriscamos dizer, inclusive, que no ciclo da existência humana podem ser encontradas muitas caras-metades.

Afinal de contas, todos aqueles que passaram por nossas vidas atuaram com significativa força e importância, durante o (breve ou longo) tempo da convivência, contribuindo com o nosso crescimento moral e cultural – se estivermos dispostos a isso na medida do nosso livre-arbítrio – e levando também, consigo, ao término da relação, um pouco de tudo de bom (e de sombra) que há em nós.

Permita-nos, aliás, comparar uma relação amorosa a um álbum de figurinhas: o álbum é feito para a figurinha e a figurinha é feita para o álbum, com *animus* de definitividade. E, se é possível materialmente retirar o álbum da figurinha, é muito provável que sempre fique um pouco do álbum na figurinha e um pouco da figurinha no álbum...

Por isso, não devemos maldizer aqueles que passaram por nossas vidas.

Nesse contexto, o reconhecimento do divórcio, desapegado dos grilhões religiosos que ao Direito não se afirmam mais, é imperativo para um Estado que se proponha a consagrar um sistema jurídico efetivamente democrático e propiciador de uma necessária ambiência de promoção da dignidade da pessoa humana.

Com isso, todavia, não se conclua que estamos a pregar o incentivo ao divórcio.

Reconhecimento jurídico, "desjudicialização" e facilitação procedimental – noções que efetivamente sustentamos – não devem ser confundidos com a instigação ao descasamento.

Não é isso.

Enquanto houver a possibilidade de se manter a família casamentária (o mesmo se aplicando a quaisquer outros núcleos existenciais), mediante técnicas recomendáveis psicossociais de reconciliação e superação de traumas – e poderíamos tomar como exemplo o auxílio psicoterápico a casais em crise –, tais instrumentos devem ser manejados e até mesmo amparados pelo próprio Estado.

A formação e a conservação de um núcleo familiar, como um espaço para compartilhar afeto e respeito, devem ser sempre a prioridade do investimento individual e social, inclusive com o apoio institucional para o cumprimento desse desiderato.

O que não aceitamos são os entraves legislativos anacrônicos, burocráticos e, por que não dizer, impiedosos, que forçam a mantença de uma relação falida, entre pessoas que não se amam mais e percebem que não vale mais a pena investir em uma situação irremediável.

E, agravando ainda mais esse contexto de análise, não podemos olvidar as significativas mudanças por que passou a sociedade brasileira (e mundial) nas últimas décadas, quer sob o prisma axiológico – da flexibilização de valores tradicionais tidos como imutáveis –, quer sob o viés eminentemente econômico, psicológico, enfim, sociocultural.

A sociedade que temos hoje em quase nada se assemelha com aquela de cem anos atrás!

O avanço tecnológico impressiona.

Há pouco mais de setenta anos, *Sir* WINSTON CHURCHILL, lendário *premier* britânico, ao visitar Stálin, em Moscou, para tratar de assuntos da Segunda Guerra, impressionou-se, no quarto em que fora acomodado:

"Reparei que as pias não eram servidas por torneiras e não tinham tampas. A água quente e fria saía instantaneamente por uma só torneira, misturada na temperatura exata que se desejasse. Além disso, não se lavavam as mãos na pia, mas sob a água corrente da torneira. Em escala modesta, adotei este sistema em casa. Não havendo escassez de água, é de longe o melhor"[1].

Das simples pias de torneira aos avanços nos meios de transporte, na medicina, na comunicação pessoal e de massa, enfim, em todas as áreas da vida humana, nunca a humanidade mudou tanto em tão pouco tempo.

E nós somos os beneficiários de todos esses avanços.

E também suas vítimas.

Seria ingenuidade, aliás, imaginar que todos esses fatores não se refletiriam em nossos costumes e hábitos de vida.

Hoje em dia, a rapidez com que os relacionamentos começam e acabam, incrementada, sobretudo, pela velocidade da informação e dos meios, em geral, de interação social, não justifica mais um modelo superado de fossilização do casamento falido, impeditivo da formação de outros arranjos familiares.

Somos, nesse diapasão, defensores do constitucional direito à busca da felicidade, na perspectiva eudemonista de um Direito de Família que efetivamente respeite o princípio matricial da dignidade da pessoa humana.

Imbuídos, portanto, desse propósito é que cuidaremos, ao longo desta obra, de analisar as novas regras do divórcio, sempre com a compreensão de que o investimento na conservação das relações afetivas (e, nisso, a concepção plural de família) é a base de um investimento na realização pessoal do indivíduo, sendo o divórcio apenas o remédio final a ser ministrado para quando não há mais esperanças de reconciliação.

Vamos juntos, então!

---

[1] CHURCHILL, Winston Spencer Leonard. *Memórias da Segunda Guerra Mundial*. 3. ed. Rio de Janeiro: Nova Fronteira, 2005, v. 2, p. 699. Só a título de curiosidade, esse renomado estadista recebeu o prêmio Nobel de Literatura em 1953 pela sua grandiosa obra literária.

Capítulo II

Noções Conceituais sobre o Divórcio e Extinção do Vínculo Conjugal

1. CONCEITO DE DIVÓRCIO

O divórcio é a medida dissolutória do vínculo matrimonial válido, importando, por consequência, na extinção de deveres conjugais.

Trata-se, no vigente ordenamento jurídico brasileiro, de uma forma voluntária de extinção da relação conjugal, sem causa específica, decorrente de simples manifestação de vontade de um ou de ambos os cônjuges, apta a permitir, consequentemente, a constituição de novos vínculos matrimoniais.

2. A MORTE COMO FORMA DE EXTINÇÃO DO VÍNCULO CONJUGAL

Anotamos, de plano, que também a morte opera a extinção do casamento, mas esta é uma modalidade que, mesmo eventualmente resultando de ato voluntário (suicídio), por óbvio, fulmina a possibilidade de novas relações pelo cônjuge que toma a iniciativa do término da relação.

É essa a linha da adequada intelecção do § 1º do art. 1.571 do Código Civil, quando menciona que o casamento válido poderá ser dissolvido de duas maneiras: pela morte de um dos cônjuges ou pelo divórcio.

A morte, como é cediço, extinguindo a personalidade jurídica, põe fim à existência da pessoa física ou natural, desfazendo, evidentemente, o vínculo matrimonial. Com isso, o cônjuge sobrevivente (supérstite) terá o seu estado civil alterado, deixando de ser casado para ser considerado viúvo.

A nosso ver, diante do inegável processo de amadurecimento constitucional de nossas instituições familiaristas, favorecido por uma maior visibilidade social de arranjos afetivos existentes – e que, até então, haviam sido condenados a um sombrio limbo jurídico –, o estado civil da viuvez também pode ser atribuído a pessoas que estiveram unidas pelos laços da união estável, expressão muito mais aceita socialmente do que "companheiro sobrevivente".

Assim, ainda que o *status* de companheiro não demande registro nem traduza um estado civil, não vislumbramos qualquer óbice jurídico a se reconhecer a condição de viúvo(a) mesmo a quem nunca foi casado, mas apenas vivia em união informal.

Nesse contexto, é de boa cautela observar que, além da morte real – aferida por meio de exame médico do corpo morto –, a morte presumida também poderá operar a dissolução do vínculo matrimonial.

Sobre essa importante temática já nos debruçamos em nosso volume dedicado ao estudo da Parte Geral:

"O Novo Código Civil admite a *morte presumida, quanto aos ausentes, nos casos em que a lei autoriza a abertura da sucessão definitiva (art. 6º do CC-02).*

Note-se que a mesma lei, em seu art. 9º, IV, determina a inscrição da *sentença declaratória de ausência e de morte presumida.*

Enquanto não houver o reconhecimento judicial de sua morte presumida, *nos casos em que se admite a sucessão definitiva,* os bens do ausente não serão definitivamente transferidos para os seus sucessores.

Mas a *declaração de morte presumida* não ocorre apenas em caso de ausência. A lei enumera outras hipóteses, em seu art. 7º, I e II:

'Art. 7º Pode ser declarada a morte presumida, sem decretação de ausência:

I – se for extremamente provável a morte de quem estava em perigo de vida;

II – se alguém, desaparecido em campanha ou feito prisioneiro, não for encontrado até dois anos após o término da guerra.

Parágrafo único. A declaração de morte presumida, nesses casos, somente poderá ser requerida depois de esgotadas as buscas e averiguações, devendo a sentença fixar a data provável do falecimento'.

Tais hipóteses também deverão ser formuladas em procedimento específico de justificação, nos termos da Lei de Registros Públicos.

A ausência é, antes de tudo, um estado de fato, em que uma pessoa desaparece de seu domicílio, sem deixar qualquer notícia.

O CC-16 elencou os ausentes, *declarados tais por ato do juiz,* como absolutamente incapazes de exercer pessoalmente os atos da vida civil, conforme dispõe o seu art. 5º, IV.

Tratava-se, sem sombra de dúvida, de um terrível equívoco conceitual, pois, na verdade, o que se buscava tutelar era o patrimônio do desaparecido, disciplinando, gradativamente, a sua sucessão, sempre com a cautela da possibilidade de retorno. Não havia, portanto, incapacidade por ausência, mas sim uma premência em proteger os interesses do ausente, devido à sua impossibilidade material de cuidar de seus bens e interesses e a incompatibilidade jurídica de conciliar o abandono do domicílio com a conservação de direitos.

Para isso, traçou todo o procedimento nos seus arts. 463/484 (do Código Civil de 1916), tendo havido, inclusive, modificação dos lapsos temporais inicialmente previstos, com a superveniente legislação processual (arts. 1.159/1.169 do Código de Processo Civil de 1973).

Tais dispositivos, por sua vez, foram substituídos, no Código Civil de 2002, pelos vigentes arts. 22 a 39, estando a matéria prevista também nos arts. 744/745 do novo diploma processual brasileiro.

O CC-02 reconhece a ausência como uma morte presumida, em seu art. 6º, a partir do momento em que a lei autorizar a abertura de sucessão definitiva"[2].

São essas, pois, as duas hipóteses de morte presumida (a **ausência**, quando aberta a sucessão definitiva, ou as **situações previstas no art. 7º** do CC), as quais, como dito, podem implicar a dissolução do vínculo matrimonial.

As situações do art. 7º do Código Civil, por se equipararem à morte real – uma vez que o juiz, por sentença, declara o óbito e a sua provável data, determinando o consequente registro no Livro de Óbitos –, não trazem grandes complicações: declarado o óbito, por sentença, em procedimento de justificação, restará dissolvido o matrimônio.

Problema maior gira em torno da ausência, que exige procedimento específico e inscrição em livro próprio, trazendo, para a doutrina, aguçadas dúvidas quanto à admissibilidade do seu efeito dissolutório do vínculo matrimonial.

Inácio de Carvalho Neto adota postura crítica a esse respeito, tecendo importantes considerações:

"O novo Código Civil, no art. 1.571, § 1º, passou a admitir a presunção de morte como causa de dissolução do casamento[3]. Contraria, assim, o

---

[2] GAGLIANO, Pablo Stolze; PAMPLONA FILHO, Rodolfo. *Novo curso de direito civil*: parte geral. 20. ed. São Paulo: Saraiva, 2018, v. I, p. 189-190.
[3] "§ 1º O casamento válido só se dissolve pela morte de um dos cônjuges ou pelo divórcio, aplicando-se a presunção estabelecida neste Código quanto ao ausente." Igualmente dispõe o Código Civil argentino, com a redação da Lei n. 23.515/87, com a diferença de que a dissolução só ocorre com o novo casamento: "*Art. 213 El vínculo matrimonial se disuelve: 1) por la muerte de uno de los esposos; 2) por el matrimonio que contrajere el cónyuge del declarado ausente con presunción de fallecimiento; 3) por sentencia de divorcio vincular*"). Da mesma forma o Código Civil italiano:

que dispunha o art. 315, parágrafo único, do Código de 1916, que expressamente excluía a morte presumida como causa de dissolução do matrimônio. Ou seja, por mais duradoura que fosse a ausência, não tinha ela o condão de dissolver o casamento[4]. Com a revogação deste dispositivo pelo art. 54 da Lei do Divórcio, e não tratando esta expressamente do tema, entenderam alguns autores ser possível a dissolução do matrimônio pela morte presumida[5].

(...)

Outra consequência não prevista pelo legislador é o fato do eventual retorno do ausente após o casamento de seu ex-cônjuge. Imagine-se que, após a sentença de conversão, o ex-cônjuge do ausente se case, aproveitando-se da disposição do art. 1.571, § 1º, vindo, depois do casamento, a reaparecer o ausente. Como ficam o primeiro e o segundo casamento do cônjuge do ausente? Dir-se-á ser simples a solução, pois o citado parágrafo diz que o primeiro casamento se dissolve pela presunção de morte, equivalendo, portanto, ao divórcio, ou à morte real. Daí seguiria a consequência de que, estando dissolvido o primeiro casamento, válido ficaria o segundo[6]. Mas deve-se discutir: a presunção de morte é uma presunção

---

"65. *Nuovo matrimonio del coniuge. – Divenuta eseguibile la sentenza che dichiara la morte presunta, il coniuge può contrarre nuovo matrimonio*". Igualmente dispunha o art. 63 do Anteprojeto de Código Civil de Orlando Gomes (apresentado ao Ministro da Justiça em 31-3-1963), nos seguintes termos:

"Art. 63. Novo Casamento do Cônjuge – Transcorrido um ano após ter transitado em julgado a sentença que declare a morte presumida do ausente, pode o seu cônjuge contrair novo casamento.

§ 1º Regressando o ausente, o segundo casamento será declarado nulo, mas produzirá os efeitos do matrimônio putativo.

§ 2º Não se pronunciará a nulidade do segundo casamento se provada a morte real do ausente em data posterior à sua celebração".

[4] Observe-se o quanto perniciosa era a regra: imagine-se a hipótese de pessoa recém-casada, ainda nova, desaparecendo em seguida seu cônjuge. Ficaria essa pessoa para o resto da vida impossibilitada de se casar novamente, tendo em vista a impossibilidade do divórcio à época.

[5] "Ainda que se efetuasse a sucessão definitiva, com a presunção de morte, não se considerava dissolvido o casamento, de sorte que o cônjuge presente não podia contrair novo casamento. **Agora, porém, não há mais óbice**" (PACHECO, José da Silva. *Inventários e partilhas*. 10. ed. Rio de Janeiro: Forense, 1996, p. 67) (destaque). "Se a lei admitiu, para efeitos patrimoniais, uma presunção de morte do ausente há mais de vinte anos ou que completou 95 anos de idade, não se vê razão para não admitir a mesma presunção em matéria de casamento. Se houve para um caso uma forte razão de fato a justificar a presunção, também haverá no outro caso" (CRUZ, Guilherme Braga da. *Direitos de família*. 2. ed. Coimbra: Coimbra Ed., 1942, v. 1, p. 123).

[6] Nesse sentido, escreve Carlos Roberto Gonçalves (*Direito civil brasileiro*: parte geral. 16. ed. São Paulo: Saraiva, 2018, v. 1, p. 148) que, se o ausente "estiver vivo e aparecer, depois de pre-

absoluta (*juris et de jure*)? Não seria antes uma presunção relativa (*juris tantum*)? Não se pode negar o seu caráter de presunção relativa, já que o ausente pode retornar e, em consequência, provar que não está morto realmente. Sendo presunção relativa, desfaz-se com a prova de que não houve morte real, ou seja, com o reaparecimento do ausente. Então, desfeita a presunção, seria lógico se entender desfeita também a dissolução do casamento. E a consequência disto seria desastrosa: o segundo casamento do cônjuge do ausente foi feito em bigamia, sendo, portanto, nulo[7]. Esta a solução adotada pelo direito italiano[8]. Seria razoável anular o casamento do ex-cônjuge do ausente pelo reaparecimento deste depois de tanto tempo? Melhor seria se a lei tivesse disposição semelhante ao § 1.348 do BGB (Código Civil alemão), que dizia expressamente ficar válido o segundo casamento nesse caso[9].

Por fim, ainda um questionamento: pode o próprio ausente se beneficiar da dissolução do casamento pela ausência? Ou em outros termos: pode o ausente, estando vivo em algum lugar, contrair validamente um novo matrimônio? A lei não o diz, mas, partindo-se do pressuposto de que a dissolução se dá pela morte presumida, não estando o ausente morto realmente, não há dissolução do casamento, pelo que não poderá ele validamente casar novamente. Mas aí teremos outro problema: enquanto para o cônjuge do ausente o casamento estará dissolvido, para o ausente não, permanecendo ele casado. Mas, casado com quem? Casado com alguém que é viúvo ou que já se casou com outra pessoa?

De todo o exposto, concluímos que seria melhor que o legislador tivesse evitado a disposição em comento, mantendo a não dissolução do casamento pela presunção de morte, de modo que fosse necessário ao cônjuge

---

sumida a sua morte e aberta a sucessão definitiva, com a dissolução da sociedade conjugal, e seu cônjuge houver contraído novo matrimônio, prevalecerá o último".

[7] Afastam-se, contudo, as consequências criminais da bigamia (art. 235 do Código Penal), tendo em vista que não houve dolo das partes.

[8] "68. Nullità del nuovo matrimonio. – Il matrimonio contratto a norma dell'articolo 65 è nullo, qualora la persona della quale fu dichiarata la morte presunta ritorni o ne sia accertata l'esistenza. Sono salvi gli effetti civili del matrimonio dichiarato nullo. La nullità non può essere pronunziata nel caso in cui è accertata la morte, anche se avvenuta in una data posteriore a quella del matrimonio." No mesmo sentido dispunha o Projeto de Orlando Gomes (art. 63, já transcrito).

[9] "§ 1.348. Se um cônjuge contrai um novo matrimônio depois que o outro cônjuge foi declarado falecido, o novo matrimônio não é nulo pela circunstância de que o cônjuge declarado falecido ainda viva, a não ser que ambos os cônjuges soubessem no momento da conclusão do matrimônio que o cônjuge declarado falecido sobreviveu à declaração de falecimento." Este dispositivo, contudo, está revogado.

do ausente promover o divórcio, evitando, assim, todas as complicações antes enunciadas"[10].

De acordo com o Direito vigente, entretanto, é forçoso convir que, a despeito das críticas doutrinárias, a dissolução do casamento, a teor do que dispõe o § 1º do art. 1.571 do Código Civil, poderá, sim, decorrer da presunção de morte do ausente, quando aberta a sua sucessão patrimonial definitiva[11].

À vista de todo o exposto, portanto, podemos concluir que a morte real ou presumida (neste último caso quando aberta a sucessão definitiva da ausência) poderá determinar a dissolução do vínculo matrimonial.

3. RÁPIDAS PALAVRAS SOBRE A DECLARAÇÃO DE NULIDADE DO CASAMENTO

Vale observar que a premissa da qual partimos para o estudo do instituto do divórcio é o *casamento válido*, pois, logicamente, se não o for, o desate da questão dar-se-á na seara da teoria das nulidades.

Esta última observação é importante, uma vez que não tem coerência, afigurando-se juridicamente impossível o pedido de divórcio em face de um casamento inválido (nulo ou anulável).

Se o casamento é inválido, o pedido formulado em juízo deve dirigir-se ao reconhecimento do vício que macula o matrimônio (nulidade absoluta ou nulidade relativa/anulabilidade), não havendo óbice, outrossim, a que a parte interessada cumule pedidos (anulação/nulidade e divórcio), a fim de que o juiz, não acatando o primeiro, possa admitir o segundo (cumulação eventual de pedidos).

O que não pode haver, por absoluta incompatibilidade, é o acatamento simultâneo de ambos os pedidos.

Registre-se, ainda, que, do ponto de vista técnico, consideramos que a nulidade do casamento não é, propriamente, uma hipótese de desfazimento

---

[10] CARVALHO NETO, Inácio de. *A morte presumida como causa de dissolução do casamento*. Texto gentilmente cedido pelo estimado amigo e grande professor do Paraná (mantivemos as notas de rodapé). Esse texto encontra-se disponível em: <http://www.flaviotartuce.adv.br/secoes/artigosc/INACIO_MORTE%20.doc>. Acesso em: 10-1-2010.

[11] Sobre o processo para reconhecimento da ausência, confira-se o tópico 7.2.1 ("Ausência") do Capítulo IV ("Pessoa Natural") do volume I do nosso *Novo curso de direito civil*.

do vínculo conjugal (que pressupõe a validade), mas, sim, da sua extinção *ab initio*, embora, pelas peculiaridades do casamento, haja o reconhecimento da produção de alguns efeitos[12].

Feitas tais considerações, cuidemos, agora, especificamente, do divórcio, objeto de nosso estudo.

---

[12] Sobre a aplicação da Teoria das Nulidades ao Casamento, sugerimos a leitura do volume VII ("Direito de Família") do nosso *Novo curso de direito civil*, em que esmiuçamos as peculiaridades da matéria.

Capítulo III

Concepção Histórica do Divórcio no Brasil

1. CONSIDERAÇÕES INICIAIS

Para compreender efetivamente a sistemática do divórcio na atualidade, principalmente com o advento da Emenda Constitucional que alterou a sua disciplina, é preciso saber como se deu a sua inserção no ordenamento jurídico brasileiro.

De fato, um longo caminho foi percorrido para se chegar ao ponto onde hoje estamos.

É possível, inclusive, vislumbrar quatro fases bem claras da evolução histórica do divórcio no Brasil.

São elas:

a) indissolubilidade absoluta do vínculo conjugal (ausência de divórcio);

b) possibilidade jurídica do divórcio, com imprescindibilidade da separação judicial como requisito prévio;

c) ampliação da possibilidade do divórcio, seja pela conversão da separação judicial, seja pelo seu exercício direto;

d) o divórcio como o simples exercício de um direito potestativo.

Vejamos, agora, cada uma dessas fases.

2. INDISSOLUBILIDADE ABSOLUTA DO VÍNCULO CONJUGAL (AUSÊNCIA DE DIVÓRCIO)

No primeiro momento histórico sobre o tema, em uma verdadeira "proto-história" do divórcio, podemos verificar uma enorme resistência jurídica à extinção do vínculo conjugal, somente admitido no caso de morte ou reconhecimento de nulidade do matrimônio (situação última esta que, como vimos, nem chega bem a ser uma hipótese de extinção).

A força da Igreja, notadamente a Católica, influenciou sobremaneira a disciplina normativa do casamento na sociedade ocidental e, em especial, na brasileira.

Assim, o casamento seria considerado um pacto submetido às regras do Direito Natural, como uma consequência de preceito divino, dito pelo próprio Cristo:

Então chegaram ao pé dele os fariseus, tentando-o, e dizendo-lhe: É lícito ao homem repudiar sua mulher por qualquer motivo?

Ele, porém, respondendo, disse-lhes: Não tendes lido que aquele que os fez no princípio macho e fêmea os fez.

E disse: Portanto, deixará o homem pai e mãe, e se unirá a sua mulher, e serão dois numa só carne?

Assim não são mais dois, mas uma só carne. Portanto, o que Deus ajuntou não o separe o homem (Mateus, 19, 3-6)[13].

Nessa linha, estabelece, ainda hoje, o Código Canônico, em seus cânones 1055 e 1056:

"Cân. 1055 § 1. O pacto matrimonial, pela qual o homem e mulher constituem entre si o consórcio de toda a vida, por sua índole natural ordenado ao bem dos cônjuges e à geração e educação da prole, entre batizados foi por Cristo Senhor elevado à dignidade de sacramento.

§ 2. Portanto, entre batizados não pode haver contrato matrimonial válido que não seja por isso mesmo sacramento.

Cân. 1056 As propriedades essenciais do matrimônio são a unidade e a indissolubilidade que, no matrimônio cristão, recebem firmeza especial em virtude do sacramento".

Esta ideia de indissolubilidade do casamento tem sido elevada a dogma, concepção que, por incrível que pareça, continua positivada no Código Canônico, nos seguintes termos:

"**Capítulo IX – DA SEPARAÇÃO DOS CÔNJUGES**
Art. 1 – Da Dissolução do Vínculo

---

[13] Sem pretender fazer aqui digressões teológicas, dada a falta de espaço e também por estar fora do corte epistemológico desta obra, ressalve-se que, em seguida, o próprio Cristo, respondendo aos mal-intencionados fariseus, admitiu o divórcio, ainda que "por causa de fornicação", bem como afirmou que Moisés permitiu o repúdio "por causa da dureza dos vossos corações" (Mateus, 19, 7-9).

Cân. 1141 O matrimônio ratificado e consumado não pode ser dissolvido por nenhum poder humano nem por nenhuma causa, exceto a morte.

Cân. 1142 O matrimônio não consumado entre batizados, ou entre uma parte batizada e outra não batizada, pode ser dissolvido pelo Romano Pontífice por justa causa, a pedido de ambas as partes ou de uma delas, mesmo que a outra se oponha.

Cân. 1143 § 1. O matrimônio celebrado entre dois não batizados dissolve-se pelo privilégio paulino, em favor da fé da parte que recebeu o batismo, pelo próprio fato de esta parte contrair novo matrimônio, contanto que a parte não batizada se afaste.

§ 2. Considera-se que a parte não batizada se afasta, se não quer coabitar com a parte batizada, ou se não quer coabitar com ela pacificamente sem ofensa ao Criador, a não ser que esta, após receber o batismo, lhe tenha dado justo motivo para se afastar.

Cân. 1144 § 1. Para que a parte batizada contraia validamente novo matrimônio, deve-se sempre interpelar a parte não batizada:

1º) se também ela quer receber o batismo;

2º) se, pelo menos, quer coabitar pacificamente com a parte batizada, sem ofensa ao Criador.

§ 2. Essa interpelação se deve fazer depois do batismo; mas o Ordinário local, por causa grave, pode permitir que a interpelação se faça antes do batismo e mesmo dispensar dela, antes ou depois do batismo, contanto que conste por um processo, ao menos sumário e extrajudicial, que a interpelação não pode ser feita ou que seria inútil.

Cân. 1145 § 1. A interpelação se faça regularmente por autoridade do Ordinário local da parte convertida, devendo esse Ordinário conceder ao outro cônjuge, se este o pedir, um prazo para responder, mas avisando-o que, transcorrido inutilmente esse prazo, seu silêncio será interpretado como resposta negativa.

§ 2. A interpelação, mesmo feita particularmente pela parte convertida, é válida e até lícita, se não se puder observar a forma acima prescrita.

§ 3. Em ambos os casos, deve constar legitimamente no foro externo a interpelação e seu resultado.

Cân. 1146 A parte batizada tem o direito de contrair novo matrimônio com parte católica:

1º) se a outra parte tiver respondido negativamente à interpelação, ou se esta tiver sido legitimamente omitida;

2º) se a parte não batizada, interpelada ou não, tendo anteriormente permanecido em coabitação pacífica sem ofensa ao Criador, depois se tiver afastado sem justa causa, salvas as prescrições dos cânones 1144 e 1145.

Cân. 1147 Todavia, o Ordinário local, por causa grave, pode conceder que a parte batizada, usando do privilégio paulino, contraia novo matrimônio com parte não católica, batizada ou não, observando-se também as prescrições dos cânones sobre matrimônios mistos.

Cân. 1148 § 1. O não batizado que tiver simultaneamente várias esposas não batizadas, tendo recebido o batismo na Igreja católica, se lhe for muito difícil permanecer com a primeira, pode ficar com qualquer uma delas, deixando as outras. O mesmo vale para a mulher não batizada que tenha simultaneamente vários maridos não batizados.

§ 2. Nos casos mencionados no § 1, o matrimônio, depois de recebido o batismo, deve ser contraído na forma legítima, observando-se também, se necessário, as prescrições sobre matrimônios mistos e outras que por direito se devem observar.

§ 3. Tendo em vista a condição moral, social e econômica dos lugares e das pessoas, o Ordinário local cuide que se providencie suficientemente às necessidades da primeira e das outras esposas afastadas, segundo as normas da justiça, da caridade cristã e da equidade natural.

Cân. 1149 O não batizado que, tendo recebido o batismo na Igreja católica, não puder, por motivo de cativeiro ou perseguição, recompor a coabitação com o cônjuge não batizado, pode contrair outro matrimônio, mesmo que a outra parte, nesse ínterim, tenha recebido o batismo, salva a prescrição do cân. 1141.

Cân. 1150 Em caso de dúvida, o privilégio da fé goza do favor do direito.

Art. 2 – Da Separação com Permanência do Vínculo

Cân. 1151 Os cônjuges têm o dever e o direito de manter a convivência conjugal, a não ser que uma causa legítima os escuse.

Cân. 1152 § 1. Embora se recomende vivamente que o cônjuge, movido pela caridade cristã e pela solicitude do bem da família, não negue o perdão ao outro cônjuge adúltero e não interrompa a vida conjugal; no entanto, se não tiver expressa ou tacitamente perdoado sua culpa, tem o direito de dissolver a convivência conjugal, a não ser que tenha consentido no adultério, lhe tenha dado causa ou tenha também cometido adultério.

§ 2. Existe perdão tácito se o cônjuge inocente, depois de tomar conhecimento do adultério, continuou espontaneamente a viver com o outro cônjuge com afeto marital; presume-se o perdão, se tiver continuado a convivência por seis meses, sem interpor recurso à autoridade eclesiástica ou civil.

§ 3. Se o cônjuge inocente tiver espontaneamente desfeito a convivência conjugal, no prazo de seis meses proponha a causa de separação à competente autoridade eclesiástica, a qual, ponderadas todas as circunstâncias, veja se é possível levar o cônjuge inocente a perdoar a culpa e a não prolongar para sempre a separação.

Cân. 1153 § 1. Se um dos cônjuges é causa de grave perigo para a alma ou para o corpo do outro cônjuge ou dos filhos ou, de outra forma, torna muito difícil a convivência, está oferecendo ao outro causa legítima de separação, por decreto do Ordinário local e, havendo perigo na demora, também por autoridade própria.

§ 2. Em todos os casos, cessando a causa da separação, deve-se restaurar a convivência, salvo determinação contrária da autoridade eclesiástica.

Cân. 1154 Feita a separação dos cônjuges, devem-se tomar oportunas providências para o devido sustento e educação dos filhos".

Assim, o sistema canônico mantinha e mantém a diretriz da indissolubilidade do matrimônio, consagrando a figura da separação com permanência do vínculo, o denominado "desquite".

E, nesse diapasão, percebe-se a forte influência dos cânones romanos no sistema normatizado brasileiro.

Com efeito, se um dos primeiros atos, com a Proclamação da República em 1889, foi a subtração da competência do Direito Canônico sobre as relações familiares, especialmente o matrimônio[14], não há como rejeitar que nosso primeiro Código Civil, publicado em 1916 (mas concebido originariamente no século XIX), incorporou concepções do sistema religioso até então predominante.

Se não, vejamos os dispositivos originais do Código Civil de 1916 sobre a extinção da sociedade conjugal (aqui transcritos na íntegra):

"Art. 315. A sociedade conjugal termina:

---

[14] De fato, estabeleceu o § 4º do art. 72 da Constituição de 1891, na seção de "Declaração de Direitos":

"Art. 72. A Constituição assegura a brasileiros e a estrangeiros residentes no País a inviolabilidade dos direitos concernentes à liberdade, à segurança individual e à propriedade, nos termos seguintes:

(...)

§ 4º A República só reconhece o casamento civil, cuja celebração será gratuita".

I – pela morte de um dos cônjuges;

II – pela nulidade ou anulação do casamento;

III – pelo desquite, amigável ou judicial.

Parágrafo único. O casamento válido só se dissolve pela morte de um dos cônjuges, não se lhe aplicando a presunção estabelecida neste Código, art. 10, segunda parte.

Art. 316. A ação de desquite será ordinária e somente competirá aos cônjuges.

Parágrafo único. Se, porém, o cônjuge for incapaz de exercê-la, poderá ser representado por qualquer ascendente, ou irmão.

Art. 317. A ação de desquite só se pode fundar em algum dos seguintes motivos:

I – adultério;

II – tentativa de morte;

III – sevícia, ou injúria grave;

IV – abandono voluntário do lar conjugal, durante dois anos contínuos.

Art. 318. Dar-se-á também o desquite por mútuo consentimento dos cônjuges, se forem casados por mais de dois anos, manifestado perante o juiz e devidamente homologado.

Art. 319. O adultério deixará de ser motivo para o desquite:

I – se o autor houver concorrido para que o réu o cometa; (*Redação dada pelo Decreto do Poder Legislativo n. 3.725, de 15-1-1919.*)

II – se o cônjuge inocente lhe houver perdoado.

Parágrafo único. Presume-se perdoado o adultério, quando o cônjuge inocente, conhecendo-o, coabitar com o culpado.

Art. 320. No desquite judicial, sendo a mulher inocente e pobre, prestar-lhe-á o marido a pensão alimentícia, que o juiz fixar.

Art. 321. O juiz fixará também a quota com que, para criação e educação dos filhos, deve concorrer o cônjuge culpado, ou ambos, se um e outro o forem.

Art. 322. A sentença do desquite autoriza a separação dos cônjuges, e põe termo ao regime matrimonial dos bens, como se o casamento fosse dissolvido (art. 267). (*Redação dada pelo Decreto do Poder Legislativo n. 3.725, de 15-1-1919.*)

Art. 323. Seja qual for a causa do desquite, e o modo como este se faça, é lícito aos cônjuges restabelecer a todo o tempo a sociedade conjugal, nos termos em que fora constituída, contanto que o façam, por ato regular, no juízo competente.

Parágrafo único. A reconciliação em nada prejudicará os direitos de terceiros, adquiridos antes e durante o desquite, seja qual for o regime dos bens.

Art. 324. A mulher condenada na ação de desquite perde o direito a usar o nome do marido (art. 240)".

Assim, essa pode ser considerada a primeira fase do tema, com a ausência de extinção voluntária do casamento, exceto a morte e a anulação.

Nessa fase, há apenas o desquite, instituto de influência religiosa que gerava somente a dissolução da sociedade conjugal, com a manutenção do vínculo conjugal e a impossibilidade jurídica de contrair formalmente novas núpcias, o que gerava tão só "famílias clandestinas", destinatárias do preconceito e da rejeição social.

A resistência positivada ao divórcio era de tal ordem que até mesmo os textos constitucionais traziam previsão da indissolubilidade do casamento[15], o que perdurou até nossa penúltima Constituição[16].

Essa diretriz começou a mudar em 1977, com o advento da Lei n. 6.515, de 26 de dezembro, amparada pela Emenda Constitucional n. 9, de

---

[15] Constituição Federal de 1934:

"Art. 144. A família, constituída pelo casamento indissolúvel, está sob a proteção especial do Estado.

Parágrafo único. A lei civil determinará os casos de desquite e de anulação de casamento, havendo sempre recurso *ex officio*, com efeito suspensivo".

Constituição Federal de 1937:

"Art. 124. A família, constituída pelo casamento indissolúvel, está sob a proteção especial do Estado. Às famílias numerosas serão atribuídas compensações na proporção dos seus encargos".

Constituição Federal de 1946:

"Art. 163. A família é constituída pelo casamento de vínculo indissolúvel e terá direito à proteção especial do Estado".

Constituição Federal de 1967:

"Art. 175. A família é constituída pelo casamento e terá direito à proteção dos Poderes Públicos.

§ 1º O casamento é indissolúvel".

[16] Com efeito, a Emenda Constitucional n. 1/69 (a "Constituição de 1969") estabelecia, tal qual a Carta Constitucional anterior:

"Art. 175. A família é constituída pelo casamento e terá direito à proteção dos Poderes Públicos.

§ 1º O casamento é indissolúvel".

28 de junho de 1977, que deu nova redação ao § 1º do art. 175 da Constituição Federal vigente à época, para admitir que "*o casamento somente poderá ser dissolvido, nos casos expressos em lei, desde que haja prévia separação judicial por mais de três anos*", o que inaugura a segunda fase.

Vamos conhecer então essa importante lei!

3. POSSIBILIDADE JURÍDICA DO DIVÓRCIO, COM IMPRESCINDIBILIDADE DA SEPARAÇÃO JUDICIAL COMO REQUISITO PRÉVIO

A segunda fase histórica começa com a efetiva regulamentação do divórcio no Brasil, o que ocorreu com a promulgação da famosa Lei do Divórcio, em dezembro de 1977 (Lei n. 6.515).

É bem verdade que a referida lei não cuidou apenas da dissolução do vínculo matrimonial; disciplinou também outras matérias, pertinentes ao Direito de Família, como a separação judicial, a guarda de filhos, a isonomia na filiação e o uso do nome.

Durante mais de duas décadas, portanto, até a entrada em vigor do Código Civil de 2002, a lei de 1977 conviveu com o Código Civil de 1916.

E sua atuação foi realmente muito importante, constituindo-se no diploma normativo básico sobre o tema, atuando o Código Civil brasileiro como norma supletiva.

Sua relevância foi tão grande que, definitivamente, não é fácil ter acesso, ainda que pela internet, ao texto original do Código Civil de 1916, na parte aqui já transcrita, pois foi revogada justamente pela "Lei do Divórcio".

Além disso, tal diploma determinou expressamente que, no Código Civil, todas as disposições relativas ao antigo "desquite" fossem substituídas pelo regramento da "separação judicial". Por isso, no sistema anterior, onde se lia "desquite por mútuo consentimento" e "desquite", passou-se a ler "separação consensual", e onde se lia "desquite litigioso", passou-se a ler "separação judicial"[17].

Até mesmo hoje, a par de existir uma nova diretriz da disciplina do divórcio, com sede constitucional, bem como novos Códigos Civil e de Processo Civil, a Lei n. 6.515/77 (com o Código Civil), em determinados

---

[17] Lei n. 6.515/77: "Art. 39. No Capítulo III do Título II do Livro IV do Código de Processo Civil, as expressões 'desquite por mútuo consentimento', 'desquite' e 'desquite litigioso' são substituídas por 'separação consensual' e 'separação judicial'".

pontos, ainda é aplicável na sistematização normativa da matéria, especialmente de ordem processual.

Pela concepção originária da "Lei do Divórcio", a separação judicial, forma de extinção da sociedade conjugal sem dissolução do vínculo matrimonial, passou a constituir um requisito para o exercício do chamado divórcio indireto (divórcio por conversão).

Com efeito, nesse diapasão, a Lei n. 6.515/77, em apertada síntese, estabeleceu que a separação judicial (o novo nome do antigo "desquite") passava a ser requisito necessário e prévio para o pedido de divórcio, que tinha de aguardar a consumação de um prazo de três anos, em consonância com o § 1º do art. 175 da Constituição Federal vigente à época, segundo redação conferida pela Emenda Constitucional n. 9, de 28 de junho de 1977.

A ideia de exigência do decurso de um lapso temporal entre a separação judicial – extinguindo o consórcio entre os cônjuges – e o efetivo divórcio – extinguindo, definitivamente, o casamento – tinha a suposta finalidade de permitir e instar os separados a uma reconciliação antes que dessem o passo definitivo para o fim do vínculo matrimonial.

Vale acrescentar, finalmente, que o instituto jurídico do divórcio direto – aquele que independeria de prévia separação judicial – surgiu nesse momento histórico no Brasil, embora em *tímida previsão* na lei de 1977, em seu art. 40, que dispunha, em sua redação original:

> "Art. 40. No caso de separação de fato, com início anterior a 28 de junho de 1977, e desde que completados cinco anos, poderá ser promovida ação de divórcio, na qual deverão provar o decurso do tempo da separação e sua causa".

A menção à "tímida previsão" era porque o instituto, embora tivesse expresso amparo legal, ainda não estava incorporado culturalmente à sociedade brasileira, além do fato de, nitidamente, não serem simples os requisitos exigidos, segundo a dicção do referido art. 40, já que exigia que a separação de fato tivesse ocorrido anteriormente à vigência da lei (por que não estendê-la para as separações de fato ocorridas posteriormente?).

Em verdade, somente com a promulgação da Constituição de 1988[18] o divórcio direto encontraria guarida no texto constitucional e seria real-

---

[18] Vale destacar, inclusive, que, após a promulgação da Constituição Federal de 1988, a Lei n. 7.841, de 17-10-1989, deu nova redação ao mencionado art. 40, adaptando-o à nova regra constitucional, nos seguintes termos: "Art. 40. No caso de separação de fato, e desde que completados 2 (dois) anos consecutivos, poderá ser promovida ação de divórcio, na qual deverá ser comprovado o decurso do tempo da separação".

mente facilitado, recebendo ampla acolhida social, o que veremos em momento oportuno.

4. AMPLIAÇÃO DA POSSIBILIDADE DO DIVÓRCIO, SEJA PELA CONVERSÃO DA SEPARAÇÃO JUDICIAL, SEJA PELO SEU EXERCÍCIO DIRETO

A penúltima fase da concepção histórica do divórcio tem como marco a promulgação da Constituição Federal de 1988, que trouxe nova reviravolta no sistema.

De fato, o texto original do art. 226, lançado em 5 de outubro de 1988, tinha a seguinte redação:

> "Art. 226. A família, base da sociedade, tem especial proteção do Estado.
>
> § 1º O casamento é civil e gratuita a celebração.
>
> § 2º O casamento religioso tem efeito civil, nos termos da lei.
>
> § 3º Para efeito da proteção do Estado, é reconhecida a união estável entre o homem e a mulher como entidade familiar, devendo a lei facilitar sua conversão em casamento.
>
> § 4º Entende-se, também, como entidade familiar a comunidade formada por qualquer dos pais e seus descendentes.
>
> § 5º Os direitos e deveres referentes à sociedade conjugal são exercidos igualmente pelo homem e pela mulher.
>
> § 6º *O casamento civil pode ser dissolvido pelo divórcio, após prévia separação judicial por mais de um ano nos casos expressos em lei, ou comprovada separação de fato por mais de dois anos.*
>
> § 7º Fundado nos princípios da dignidade da pessoa humana e da paternidade responsável, o planejamento familiar é livre decisão do casal, competindo ao Estado propiciar recursos educacionais e científicos para o exercício desse direito, vedada qualquer forma coercitiva por parte de instituições oficiais ou privadas.
>
> § 8º O Estado assegurará a assistência à família na pessoa de cada um dos que a integram, criando mecanismos para coibir a violência no âmbito de suas relações" (grifos nossos).

A partir de 1988 consolidou-se o divórcio direto, aperfeiçoando a tíbia previsão da Lei n. 6.515/77, sem extinguir, porém, o divórcio indireto (decorrente da conversão da separação judicial).

Nesse momento, portanto, o divórcio direto, como dito, passou a ser aceito expressamente no texto constitucional, com eficácia imediata, tendo por único requisito o decurso do lapso temporal de mais de dois anos de separação de fato.

Esse sistema, ao qual já estávamos acostumados, vigorou até a entrada em vigor da nova Emenda do Divórcio, conforme veremos em seguida, a qual trouxe, para o sistema, modificação de grande impacto.

5. O DIVÓRCIO COMO O SIMPLES EXERCÍCIO DE UM DIREITO POTESTATIVO

Em 2010, com a promulgação da "PEC do Amor" (ou "PEC do Divórcio"), a separação judicial deixou de ser contemplada na Constituição.

Mesmo havendo quem defenda a sua permanência no sistema brasileiro, por força das normas infraconstitucionais, notadamente com o advento do novo Código de Processo Civil, o fato incontestável é que, no texto constitucional, não há mais qualquer espaço para o instituto, sendo que as consequências de tal extinção, pelo menos no âmbito do texto da Constituição, serão apreciadas por nós em momento próprio posterior[19].

Desapareceu, igualmente, o requisito temporal para o divórcio, que passou a ser exclusivamente direto, tanto o por mútuo consentimento dos cônjuges quanto o litigioso.

Trata-se de completa mudança de paradigma sobre o tema, em que o Estado busca afastar-se da intimidade do casal, reconhecendo a sua autonomia para extinguir, pela sua livre vontade, o vínculo conjugal, sem necessidade de requisitos temporais ou de motivação vinculante.

É o reconhecimento do divórcio como o simples exercício de um direito postetativo.

Mas por que tudo isso?

É o que pretendemos demonstrar nos próximos capítulos.

---

[19] Confira-se o Capítulo V ("O Novo Divórcio no Brasil"), Tópico 3.1 ("Extinção da separação judicial") deste livro.

Capítulo IV

A Matemática do Divórcio

O incremento do divórcio é fenômeno observado, há tempos, não apenas no Brasil, mas também em outros Estados no mundo.

Em fecundo estudo, CONSTANCE AHRONS e ROY RODGERS, debruçados nas alterações sociais experimentadas no século passado, observavam que, somente nas últimas três décadas, a idealizada noção "sagrada" da tradicional família americana havia sido seriamente desafiada. Fatores de variada ordem como o movimento feminista, o aumento da força de trabalho da mulher e a revolução sexual frequentemente eram citados como responsáveis pelo aumento do número de divórcios:

"It is only in the last three decades that this idealized notion of the sanctity of the tradicional American family has been seriously chalenged. The contemporary feminist movement, the increase of women in the workforce, and the sexual revolution are often cited as contributing to the rapid increase in divorce rates"[20].

Surgiriam, nesse contexto, e a virada do século confirmaria essa previsão, famílias recombinadas, de segundas, terceiras ou quartas núpcias (ou mais), alterando com isso, significativamente, o panorama tradicional da família.

A facilitação do divórcio, pois, consolidaria essas famílias recombinadas (*blended families*)[21], alterando profundamente o cenário social em que vicejam[22].

---

[20] AHRONS, Constance R.; RODGERS, Roy H. *Divorced families – a multidisciplinary development view*. New York: Norton, 1987, p. 13.
[21] Sobre o tema, confira-se a doutrina de Waldyr Grisard Filho (*Famílias reconstituídas*: novas uniões depois da separação. São Paulo: Revista dos Tribunais, 2007) e, em uma perspectiva histórica, a de Antônio Chaves (*Segundas núpcias*. 2. ed. Belo Horizonte: Nova Alvorada, 1997).
[22] O que prevíamos na primeira edição desta obra já está se materializando, conforme se pode observar nesta notícia:

Observamos, portanto, que o inexorável processo de reabertura do conceito tradicional de família – fruto de fatores diversos, de variados matizes (social, econômico, político, antropológico, cultural) – desembocaria no aumento do número de casais divorciados em todo o mundo.

E o Brasil, nesse diapasão, acompanhou essa tendência, conforme podemos constatar em pesquisa feita pelo IBGE:

"Em 2006, o número de separações judiciais concedidas foi 1,4% maior do que em 2005, somando um total de 101.820. Neste período, a análise por regiões mostra distribuição diferenciada com a mesma tendência de crescimento: o Norte (14%), o Nordeste (5,1%), o Sul (2,6%) e o Centro-Oeste (9,9%). Somente no Sudeste houve decréscimo de 1,3%.

Os divórcios concedidos tiveram acréscimo de 7,7% em relação ao ano anterior, passando de 150.714 para 162.244 em todo o país. O comportamento dos divórcios mostrou tendência de crescimento em todas as regiões, sendo de 16,6% para o Norte, 5,3% para o Nordeste, 6,5% para o Sudeste, 10,4% para o Sul e 9,3%, no Centro-Oeste. Em 2006, as taxas gerais de separações judiciais e de divórcios, medidas para a população com 20 anos ou mais de idade, tiveram comportamentos diferenciados.

"Divórcios têm aumento de 149% no Estado de São Paulo após novas regras
O número de divórcios no Estado de São Paulo cresceu 149% desde julho deste ano, quando foi aprovada a Emenda Constitucional n. 66, que instituiu no país, junto à Lei n. 11.441/2007, o chamado divórcio rápido (feito por meio de escritura em cartório).
Os números são do CNB (Colégio Notarial do Brasil), que representa os tabeliães de todo o país. No ano passado, entre julho e agosto, foram realizados no Estado 816 divórcios, ante 2.031 no mesmo período deste ano.
Segundo Ubiratan Guimarães, presidente do CNB-SP, o aumento se deve à facilitação do processo, que chegava a se arrastar durante anos, à diminuição dos custos processuais e a uma demanda reprimida pelo serviço.
'Há muita gente que está separada, mas que, devido à morosidade da Justiça e aos altos custos com honorários advocatícios, não formaliza o divórcio. Hoje, a escritura custa R$ 252 e, embora ainda seja necessária a presença de um advogado, sai muito mais barato', diz Guimarães.
Segundo o CNB, mesmo casais que já tenham processo judicial em andamento podem desistir dessa via e formalizar a separação por meio de escritura pública. Para isso, no entanto, a separação precisa ser consensual e o casal não pode ter filhos menores ou incapazes.
Na escritura, o casal já define a partilha dos bens, pagamento ou dispensa de pensão alimentícia e o uso ou não do sobrenome do outro cônjuge.
Segundo o presidente do CNB-SP, o processo transcorre de forma tranquila. 'O clima tem sido de absoluta civilidade. Mesmo porque, se houver alguma animosidade, o tabelião não pode emitir a certidão.'
Para José Fernando Simão, doutor em direito civil pela USP, 'o brasileiro foi emancipado', daí o aumento dos divórcios. 'As pessoas descobriram um direito que não sabiam ter', afirma".
Disponível em: <http://www1.folha.uol.com.br/cotidiano/814939-divorcios-tem-aumento-de-149-no-estado-de-sao-paulo-apos-novas-regras.shtml>. Acesso em: 10-1-2010.

Enquanto as separações judiciais mantiveram-se estáveis em relação a 2005, com taxa de 0,9%, os divórcios cresceram 1,4%. Esse resultado revela uma gradual mudança de comportamento na sociedade brasileira, que passou a aceitar o divórcio com maior naturalidade, além da agilidade na exigência legal, que para iniciar o processo requer pelo menos um ano de separação judicial ou dois anos de separação de fato.

De 1996 a 2006, a pesquisa mostrou que a separação judicial manteve o patamar mais frequente e o divórcio atingiu a maior taxa dos últimos dez anos. Em 2006, os divórcios diretos foram 70,1% do total concedido no país. Os divórcios indiretos representaram 29,9% do total. As regiões Norte e Nordeste, com 86,4% e 87,4%, foram as que obtiveram maiores percentuais de divórcios diretos.

As informações da pesquisa de Registro Civil referente à faixa etária dos casais nas separações judiciais e nos divórcios mostram que as médias de idade eram mais altas para os divórcios. Para os homens, as idades médias foram de 38,6 anos, na separação judicial, e de 43,1 anos, no divórcio. As idades médias das mulheres foram de 35,2 e 39,8 anos, respectivamente, na separação e no divórcio. A análise das dissoluções dos casamentos, por divórcio, segundo o tipo de família, mostrou que, em 2006, a proporção dos casais que tinham somente filhos menores de 18 anos de idade foi de 38,8%, seguida dos casais sem filhos com 31,1%"[23].

E em 2007, ano em que completou trinta anos a Lei do Divórcio (Lei n. 6.515/77), os números mantiveram a tendência de crescimento, conforme podemos ler na notícia abaixo, baseada também em estudo do IBGE:

"A taxa de divórcios no Brasil subiu 200% entre 1984 e 2007, segundo dados da pesquisa 'Estatísticas do Registro Civil 2007', divulgada nesta quinta-feira (4) pelo Instituto Brasileiro de Geografia e Estatística (IBGE). No período, o índice passou de 0,46 divórcio para cada grupo de mil habitantes para 1,49 divórcio por mil habitantes. Em números absolutos, os divórcios concedidos passaram de 30.847, em 1984, para 179.342, em 2007. Ainda de acordo com o estudo, no ano passado, em 89% dos divórcios, a responsabilidade pela guarda dos filhos ficou com a mulher. A análise do IBGE aponta que a elevação da taxa no período considerado revela uma gradual mudança no comportamento da sociedade, que passou a aceitar o divórcio com maior naturalidade. Além disso, houve um aumento na pro-

---

[23] Disponível em: <http://www.ibge.gov.br/home/presidencia/noticias/noticia_impressao.php?id_noticia=1046>. Acesso em: 30-10-2009.

cura pelos serviços de Justiça para formalizar a situação de dissolução do casamento.

Considerando a soma de divórcios diretos sem recursos e as separações, o IBGE aponta que houve cerca de 231 mil dissoluções de união, o que significa, aproximadamente, a ocorrência de uma dissolução para cada quatro casamentos. Em 2007, os divórcios diretos, ou seja, os que não passaram por um processo de separação judicial anterior, representaram 70,9% do total.

Consenso

Levando em conta apenas as separações judiciais realizadas no Brasil em 2007, os dados do IBGE mostram que a maior parte foi consensual (75,9% contra 24,1% não consensuais). No período de 1997 a 2007, observou-se um declínio de 5,9 pontos percentuais nas separações de natureza consensual. Por outro lado, as separações não consensuais cresceram de 16.411, em 1997, para 24.960 em 2007.

Do total de processos de separação, 10,5% delas foram não consensuais resultantes de conduta desonrosa ou grave violação do casamento, requeridas pela mulher. Já os homens solicitaram 3,2% das separações com as mesmas alegações. Segundo o advogado Álvaro Villaça, diretor da Faculdade de Direito da Fundação Armando Álvares Penteado (Faap), a separação é uma situação em que é extinta a sociedade conjugal, não havendo mais obrigações como a convivência, fidelidade, dentre outras. Entretanto, enquanto não houver um processo de divórcio, em que é dissolvido o casamento, não é possível contrair outro matrimônio. O divórcio direto é o processo em que os cônjuges não passam por separação judicial anterior.

Mais casamentos

Em 2007 foram registrados no Brasil 916.006 casamentos, o que representa um aumento de 2,9% no total de registros em relação ao ano anterior. O resultado mostra que a tendência de crescimento observada desde 2003 foi mantida. Segundo os pesquisadores, ela é decorrente, em grande parte, do aumento do número de casais que procuraram formalizar suas uniões consensuais, incentivados pelo Código Civil renovado em 2002 e pelas ofertas de casamentos coletivos desde então promovidos. O estudo do IBGE trouxe também dados sobre a constituição das famílias. As informações divulgadas sobre os casamentos mostram a idade média dos homens e das mulheres à época da formalização de suas uniões. Em 2007, em todo o país, observou-se que, para os homens, a idade média na data do primeiro casamento foi de 29 anos. As mulheres tiveram idade média ao casar de 26 anos"[24].

Todo esse processo matemático de crescimento reforça ainda mais a importância do estudo da matéria na sociedade atual, bem como ajuda a desmistificar a ideia de que propiciar meios de facilitação judicial do divórcio seja desestimular o casamento, pois, afinal, quem se divorcia não o faz somente para desfazer uma união cuja permanência não mais se justifica, mas, sim, muitas vezes, pela esperança de encontrar o amor em uma nova relação.

Feitas, portanto, tais importantes considerações – amparadas em estatísticas de conhecimento necessário –, vamos tentar compreender a natureza simplesmente potestativa do *novo divórcio* no Brasil[25], e o motivo pelo qual a sua consagração implicou grande mudança no sistema jurídico até então em vigor, atendendo a inegáveis anseios da nossa sociedade, o que acabou por trazer novos números à "matemática do divórcio"[26].

---

[24] Notícia extraída do portal de notícias da Globo. Disponível em: <http://g1.globo.com/Noticias/Brasil/0, MRP909873-5598,00.html>. Acesso em: 30-10-2009.

Para dados mais recentes, confira-se a notícia "Um a cada três casamentos termina em divórcio no País". Disponível em: <https://www.em.com.br/app/noticia/nacional/2017/12/31/interna_nacional,927931/um-a-cada-tres-casamentos-termina-em-divorcio-no-pais.shtml>. Acesso em: 24-4-2018.

[25] Para dados oficiais, confira-se o link <https://www.ibge.gov.br/estatisticas-novoportal/sociais/populacao/9110-estatisticas-do-registro-civil.html?=&t=resultados>. Acesso em: 24-4-2018.

[26] "Taxa de divórcio tem primeiro recuo no país após mudança na lei, diz IBGE

Instituto divulgou Estatísticas do Registro Civil nesta sexta-feira (20).

Mudança na Constituição fez taxa de dissoluções bater recorde em 2011.

Após registrar taxa de divórcios recorde em 2011, o Brasil apresentou em 2012 o primeiro recuo no número de dissoluções matrimoniais desde a mudança na Constituição que, em 2010, facilitou o processo. Os números fazem parte das Estatísticas do Registro Civil divulgadas nesta sexta-feira (20) pelo Instituto Brasileiro de Geografia e Estatística (IBGE).

Segundo a pesquisa, em 2012 o país registrou 341.600 divórcios concedidos em primeira instância e sem recursos ou por escrituras extrajudiciais. O número representa redução de 1,4% em relação a 2011, quando haviam sido concedidos 351.153 divórcios.

A taxa geral de divórcio no país era de 2,5 para cada mil habitantes, contra 2,6 em 2011. Naquele ano, houve crescimento de 45,6% em relação a 2010, quando haviam sido registrados 243.224 divórcios.

O aumento expressivo de 2010 foi atribuído à mudança na Constituição Federal que derrubou o prazo para se divorciar, tornando esta a forma efetiva de dissolução dos casamentos, sem a etapa prévia da separação.

Com a mudança, em 2011 o Brasil registrou a maior taxa de divórcios desde 1984, quando foi iniciada a série histórica das Estatísticas do Registro Civil, e houve uma queda de três anos no tempo médio transcorrido entre a data do casamento e a da sentença de divórcio desde 2006 – de 18 anos para 15 anos.

Ainda assim, a taxa geral de divórcios permaneceu acima do patamar anterior à alteração legal, segundo a pesquisa. "A cada época em que ocorreu alteração na legislação sobre divórcios houve elevação do patamar das taxas de divórcios", afirma o IBGE, que cita o ano de 1989, quando foram reduzidos prazos mínimos para iniciar os processos, e o de 2007, com o divórcio por via administrativa.

Distrito Federal (4,4), Rondônia (4) e Mato Grosso do Sul (4) apresentaram as maiores taxas. Piauí (1,3) e Amapá (1,3), as menores.

Houve mais divórcios entre casais com idades de 30 a 49 anos. As taxas de divórcios das mulheres são mais elevadas que as dos homens nas idades mais jovens, até 34 anos, e menores acima de 35 anos.

Em 2012, 87,1% dos divórcios concedidos no Brasil tiveram a responsabilidade pelos filhos delegada às mulheres contra 6% que tiveram a guarda compartilhada. 'A guarda compartilhada ainda é uma situação pouco observada no país, porém crescente', diz o IBGE.

O Paraná foi o estado com o maior percentual de divórcios nos quais os filhos tiveram sua guarda compartilhada. A guarda dos filhos pelos homens variou de 2,1%, em Sergipe a 10,1%, em Roraima." (Disponível em: <http://g1.globo.com/brasil/noticia/2013/12/taxa-de-divorcio-tem-primeiro-recuo-no-pais-apos-mudanca-na-lei-diz-ibge.html>. Acesso em: 22-12-2013).

Capítulo V

O Divórcio, a partir da Emenda Constitucional n. 66/2010, no Brasil

1. INTRODUÇÃO

Em 5 de dezembro de 2002, o Superior Tribunal de Justiça julgou o Recurso Especial n. 467.184, de São Paulo, em que atuou como relator o Ministro Ruy Rosado de Aguiar, tendo assentado que, em sede de separação, "evidenciada a insuportabilidade da vida em comum, e manifestado por ambos os cônjuges, pela ação e reconvenção, o propósito de se separarem, o mais conveniente é reconhecer esse fato e decretar a separação, sem imputação da causa a qualquer das partes".

Esse acórdão, proferido em uma época em que nem sequer estava em vigor o atual Código Civil, sempre nos chamou a atenção.

Isso porque, como se pode notar, os ministros decretaram a separação do casal desconsiderando a exigência legal no sentido de se imputar causa para o fim da sociedade conjugal (violação de dever conjugal ou cometimento de conduta desonrosa), atendo-se, simplesmente, ao **desamor** para o fim de dissolver a sociedade conjugal.

Mereceu aplausos, de nossa parte, esse aresto.

Conforme temos defendido publicamente, o Direito de Família, em sua nova perspectiva, deve ser regido pelo princípio da intervenção mínima[27], desapegando-se de amarras anacrônicas do passado, para cunhar um sistema aberto e inclusivo, facilitador do reconhecimento de outras formas de arranjo familiar, incluindo-se as famílias recombinadas (de segundas, terceiras núpcias etc.).

---

[27] Sobre o tema, confira-se o Tópico 4.7 ("Princípio da Intervenção Mínima do Estado no Direito de Família") do Capítulo II ("Perspectiva Principiológica do Direito de Família") do Vol. 6 ("Direito de Família") do nosso *Novo Curso de Direito Civil*.

Nesse diapasão, portanto, detectado o fim do afeto que unia o casal, não havia e não há qualquer sentido em tentar forçar uma relação que não se sustentaria mais.

Numa perspectiva crítica, sempre defendemos que caberia à lei somente estabelecer condições ou requisitos necessários para a disciplina das relações afetadas pelo fim do casamento (guarda de filhos, uso do nome, alimentos, divisão patrimonial etc.), pois apenas aos cônjuges, e a ninguém mais, é dada a decisão do término do vínculo conjugal.

Por isso, tanto para o divórcio quanto para o outrora vigente instituto da separação (para os que defendem a sua constitucionalidade e permanência no ordenamento jurídico brasileiro), a tendência deve ser sempre a sua facilitação, e não o contrário.

E quando nos referimos a uma "facilitação" não estamos querendo dizer que somos entusiastas do fim do casamento.

Não é isso. O que estamos a defender é que o ordenamento jurídico, numa perspectiva de promoção da dignidade da pessoa humana, garanta meios diretos, eficazes e não burocráticos para que, diante da derrocada emocional do matrimônio, os seus partícipes possam libertar-se do vínculo falido, partindo para outros projetos pessoais de felicidade e de vida.

Um primeiro passo já havia sido dado por meio da aprovação da Lei n. 11.441/2007, que regulou a separação e o divórcio administrativos (extrajudiciais) no Brasil[28], permitindo que os casais sem filhos menores ou incapazes pudessem, consensualmente, lavrar escritura pública de separação ou divórcio em qualquer Tabelionato de Notas do País.

Outro significativo passo veio a ser dado, justamente, com a promulgação da Emenda Constitucional n. 66, de 13 de julho de 2010 (Projeto de Emenda Constitucional n. 28, de 2009), a usualmente denominada "PEC do Divórcio", modificando o já transcrito § 6º do art. 226 da CF, que passa a ter a seguinte redação:

"§ 6º O casamento civil pode ser dissolvido pelo divórcio".

Vamos conhecer um pouco da história dessa Emenda Constitucional. É a proposta deste capítulo e, em especial, do próximo tópico.

---

[28] Sobre esta modalidade de divórcio, confira-se o Capítulo VI ("O Divórcio Extrajudicial") deste livro.

2. UM POUCO DA HISTÓRIA DA EMENDA CONSTITUCIONAL N. 66/2010

A Emenda Constitucional n. 66/2010 (Projeto de Emenda Constitucional n. 28, de 2009) determinou uma verdadeira revolução na disciplina do divórcio no Brasil.

Referida proposta de Emenda resultou da iniciativa de juristas do Instituto Brasileiro de Direito de Família – IBDFAM, abraçada pelo Deputado Antônio Carlos Biscaia (PEC 413/2005) e reapresentada posteriormente pelo Deputado Sérgio Barradas Carneiro (PEC 33/2007).

O texto de sua redação original era o seguinte:

"§ 6º O casamento civil pode ser dissolvido pelo divórcio *consensual ou litigioso, na forma da lei*".

Da sua leitura, constatamos duas modificações de impacto:

1ª) fim da separação judicial (de forma que a única medida juridicamente possível para o descasamento seria o divórcio);

2ª) extinção do prazo mínimo para a dissolução do vínculo matrimonial (eis que não há mais referência à separação de fato do casal).

Vale a pena lermos as justificativas apresentadas por ambos os Deputados quando da apresentação dessas propostas, pois, assim, será possível ter uma ideia das razões da sua propositura, bem como do contexto social e histórico da sua apresentação:

"A presente Proposta de Emenda Constitucional nos foi sugerida pelo Instituto Brasileiro de Direito de Família, entidade que congrega magistrados, advogados, promotores de justiça, psicólogos, psicanalistas, sociólogos e outros profissionais que atuam no âmbito das relações de família e na resolução de seus conflitos. Não mais se justifica a sobrevivência da separação judicial, em que se converteu o antigo desquite. Criou-se, desde 1977, com o advento da legislação do divórcio, uma duplicidade artificial entre dissolução da sociedade conjugal e dissolução do casamento, como solução de compromisso entre divorcistas e antidivorcistas, o que não mais se sustenta. Impõe-se a unificação no divórcio de todas as hipóteses de separação dos cônjuges, sejam litigiosos ou consensuais. A submissão a dois processos judiciais (separação judicial e divórcio por conversão) resulta em acréscimos de despesas para o casal, além de prolongar sofrimentos evitáveis. Por outro lado, essa providência salutar, de acordo com valores da sociedade brasileira atual, evitará que a intimidade e a vida privada dos cônjuges e de suas famílias sejam reveladas e trazidas ao espaço público dos tribunais, com todo o caudal de constrangimentos que provocam, contribuindo para o agravamento de suas crises e dificultando o entendimento necessário para a melhor solução dos problemas decorrentes da separação. Levantamentos feitos das separações judiciais demonstram que a grande maioria dos processos são iniciados ou concluídos amigavelmente, sendo insignificantes os que resultaram em julgamentos de causas culposas imputáveis ao cônjuge vencido. Por outro lado, a preferência dos casais é nitidamente para o divórcio que apenas prevê a causa objetiva da separação de fato, sem imiscuir-se nos dramas íntimos; afinal, qual o interesse público relevante em se investigar a causa do desaparecimento do afeto ou do desamor? O que importa é que a lei regule os efeitos jurídicos da separação, quando o casal não se entender amigavelmente, máxime em relação à guarda dos filhos, aos alimentos e ao patrimônio familiar. Para tal, não é necessário que haja dois processos judiciais, bastando o divórcio amigável ou judicial" (PEC 413/2005, Dep. Antônio Carlos Biscaia).

"A presente Proposta de Emenda Constitucional é uma antiga reivindicação não só da sociedade brasileira, assim como o Instituto Brasileiro de Direito de Família, entidade que congrega magistrados, advogados, promotores de justiça, psicólogos, psicanalistas, sociólogos e outros profissionais que atuam no âmbito das relações de família e na resolução de seus conflitos, e também defendida pelo nobre Deputado Federal Antônio Carlos Biscaia (Rio de Janeiro). Não mais se justifica a sobrevivência da separação judicial, em que se converteu o antigo desquite. Criou-se, desde 1977, com o advento da legislação do divórcio, uma duplicidade artificial entre dissolução da sociedade conjugal e dissolução do casamento, como solução de compromisso entre divorcistas e antidivorcistas, o que não mais se sustenta. Impõe-se a unificação no divórcio de todas as hipóteses de separação dos cônjuges, sejam litigiosas ou consensuais. A submissão a dois processos judiciais (separação judicial e divórcio por conversão) resulta em acréscimos de despesas para o casal, além de prolongar sofrimentos evitáveis. Por outro lado, essa providência salutar, de acordo com valores da sociedade brasileira atual, evitará que a intimidade e a vida privada dos cônjuges e de suas famílias sejam reveladas e trazidas ao espaço público dos tribunais, com todo o caudal de constrangimentos que provocam, contribuindo para o agravamento de suas crises e dificultando o entendimento necessário para a melhor solução dos problemas decorrentes da separação. Levantamentos feitos das separações judiciais demonstram que a grande maioria dos processos são iniciados ou concluídos amigavelmente, sendo insignificantes os que resultaram em julgamentos de causas culposas imputáveis ao cônjuge vencido. Por outro lado, a preferência dos casais é nitidamente para o divórcio que apenas prevê a causa objetiva da separação de fato, sem imiscuir-se nos dramas íntimos; afinal, qual o interesse público relevante em se investigar a causa do desaparecimento do afeto ou do desamor? O que importa é que a lei regule os efeitos jurídicos da separação, quando o casal não se entender amigavelmente, máxime em relação à guarda dos filhos, aos alimentos e ao patrimônio familiar. Para tal, não é necessário que haja dois processos judiciais, bastando o divórcio amigável ou judicial" (PEC 33/2007. Dep. Sérgio Barradas Carneiro).

Note-se que em ambas as manifestações parlamentares salienta-se a ideia de ser um legítimo reclamo da sociedade brasileira a desburocratização do divórcio, especialmente considerando que a exigência de um processo prévio de separação traduz doloroso *strepitus fori*, ou seja, desnecessária repercussão psicológica danosa na alma das partes envolvidas.

Isso porque o divórcio, diretamente concedido, atende com recomendável imediatidade e plena eficiência aos anseios de quem pretende livrar-se de uma relação afetiva falida.

Não convencem, nesse ponto, as críticas ao Projeto feitas por respeitáveis integrantes da Confederação Nacional dos Bispos do Brasil:

"A CNBB (Conferência Nacional dos Bispos do Brasil) criticou nesta quinta-feira (21) a aprovação em primeiro turno pela Câmara dos Deputados de proposta que elimina a exigência de um prazo mínimo de separação para os casais requererem o divórcio.

Na opinião do vice-presidente da entidade, dom Luiz Soares Vieira, ao se facilitar o fim do casamento, acaba-se 'banalizando' a questão. 'Se facilitar muito, eu acho que se banaliza mais ainda o matrimônio, que já está banalizado. O único problema é esse. Daqui a pouco, a pessoa vai na frente de qualquer juiz e diz que não é mais casada e depois vai na frente de qualquer ministro de igreja e casa de novo. É banalizar demais uma coisa que é muito séria.'

(...)

Defensores da proposta defendem que ela não estimula o divórcio, mas, sim, novos casamentos. Dom Geraldo Lyrio Rocha, presidente da CNBB, considera que isso é mero 'jogo de palavras'. (...) 'Isso é secundário em relação à questão fundamental. Mesmo que a legislação do país permita o divórcio, para a Igreja, o divórcio não é permitido de forma alguma. A Igreja reafirma a insolubilidade e a estabilidade do matrimônio', afirmou"[29].

---

[29] "Para CNBB, PEC do Divórcio 'banaliza' o casamento; OAB defende mudança na lei", reportagem de Cláudia Andrade. Disponível em: <http://noticias.uol.com.br/cotidiano/2009/05/21/ult5772u4070.jhtm?action=print>. Acesso em: 21-12-2009.

Ora, se uma crise de valores existe na sociedade moderna – e não ousamos discordar diante de tantos exemplos de violação aos mais básicos princípios de convivência social – essa malfadada crise do século XXI deve ser atribuída ao homem e à sua eterna vocação antropofágica, e não ao casamento.

Ao facilitar o divórcio, não se está com isso banalizando o instituto do casamento.

Pelo contrário.

O que se busca, em verdade, é a dissolução menos gravosa e burocrática do *mau casamento*, para que os integrantes da relação possam, de fato, ser felizes, ao lado de outras pessoas.

Aliás, como bem pontuou o mencionado Dom GERALDO LYRIO ROCHA, se, no âmbito eminentemente católico, o casamento continua a ser indissolúvel, isso toca à crença de cada um, não se podendo, assim, pretender deslocar para o âmbito jurídico – de um Estado que admite a crença em Deus de diversas formas – uma discussão que é eminentemente religiosa, segundo o credo de cada um.

No Senado Federal, já sob o n. 28, de 2009, a PEC recebeu parecer favorável da Comissão de Constituição e Justiça, com pronunciamento favorável do Senador DEMÓSTENES TORRES:

"A análise da PEC não revela impropriedade de natureza constitucional, jurídica, regimental ou de técnica legislativa, o que comporta a sua admissibilidade e remete ao exame de mérito. A data que serve de base para a contagem do prazo para o ajuizamento da ação de divórcio – denominada *dies a quo* – é a do trânsito em julgado da separação judicial. No caso da separação de fato, por abandono unilateral ou recíproco, o prazo é de dois anos. Por construção jurisprudencial, mais tarde assimilada pela lei, a data a partir da qual se conta o prazo para requerer o divórcio pode retroagir à da separação cautelar de corpos, medida que, geralmente, precede a ação principal de separação judicial. Como se vê, a regra não é rígida, sobretudo porque existem as uniões estáveis, elevadas ao patamar do casamento civil e que podem ser desfeitas ao alvedrio dos companheiros. Além disso, o interesse no fim da união matrimonial assume características variadas, sujeitas ao teor dos conflitos – ou a sua inexistência –, à extensão patrimonial, às questões ligadas à prole, em especial a fixação de alimentos, o que não se resolve pela simples dilatação do prazo compreendido entre a separação formal ou informal e o divórcio. Observa-se também que, passados mais de trinta anos da edição da Emenda Constitucional n. 9, de 1977, perdeu completamente o sentido manter os pré-requisitos temporais de separação judicial e de fato para que se conceda o divórcio. Saliente-se que, no casamento, dois institutos se superpõem: a *sociedade conjugal*, que decorre da simples vida em comum, na condição de marido e mulher, com a intenção de constituir família, e o *vínculo conjugal*, que nasce da interferência do próprio Estado, mediante a solenização do ato, na presença de testemunhas, com portas abertas e outras condições estabelecidas em lei. A sociedade conjugal, fruto da iniciativa dos cônjuges, pode por eles ser desfeita, formal ou informalmente, ao seu arbítrio, mas o vínculo conjugal, para ser desfeito pelo divórcio, depende de nova interferência do Estado. Ora, o Estado atual é bem menos tutelar que o de trinta anos atrás, e, quanto à sociedade hodierna, as dúvidas e temores que acometeram diversos segmentos dos anos 70 do século passado estão, hoje, todos dissipados, inclusive o de que, 'no dia seguinte à aprovação do divórcio, não restaria, no País, um só casamento'. O que se observa é que a sociedade brasileira é madura para decidir a própria vida, e as pessoas não se separam ou divorciam apenas porque existem esses institutos. Portanto, não é a existência do instituto *divórcio* que desfaz casamentos, nem a imposição de prazos ou *separações intermediárias* que o impedirá. Acrescente-se que a exigência de prazo e a imposição de condição para a realização do divórcio desatendem ao princípio da proporcionalidade, que recomenda não cause a lei ao jurisdicionado ônus impróprio ou desnecessário. Ora, o prazo para a concessão do divórcio não é peremptório, tanto que pode retroagir à data da separação cautelar de corpos, e a condição não é essencial, porquanto a sociedade conjugal pode ser desfeita pelo casal, indiferente ao Estado. Logo, as duas variáveis, sem nenhum prejuízo para o disciplinamento do tema, podem ser retiradas da norma, conforme preconiza a proposta de emenda".

Nesse ponto, um importante aspecto, caro leitor, deve ser considerado.

O Projeto aprovado no Senado suprimiu a expressão "na forma da lei", constante na parte final do dispositivo sugerido, passando, assim, a apresentar a seguinte redação: "O casamento civil pode ser dissolvido pelo divórcio".

Tal supressão, aparentemente desimportante, reveste-se de grande significado jurídico.

Caso fosse aprovada em sua redação original, correríamos o sério risco de minimizar a mudança pretendida ou, o que é pior, torná-la sem efeito, pelo demasiado espaço de liberdade legislativa que a jurisprudência poderia reconhecer estar contida na suprimida expressão.

Vale dizer, aprovar uma Emenda simplificadora do divórcio com o adendo "na forma da lei" poderia resultar em um indevido espaço de liberdade normativa infraconstitucional, permitindo interpretações equivocadas e retrógradas, justamente o que a Emenda quer impedir.

E isso já aconteceu na história recente do nosso Direito.

Um erro que não pode ser repetido.

Quando a anterior Constituição Federal (1967) vedou a prisão civil por dívida, ressalvando apenas a decorrente do débito de alimentos e a do depositário infiel, manteve a referida expressão ("na forma da lei"), o que fez com que respeitável parcela da nossa doutrina e jurisprudência admitisse a possibilidade de a legislação infraconstitucional ampliar as hipóteses de segregação civil, justificando, assim, a prisão do devedor fiduciante[30], hoje já declarada reconhecidamente inconstitucional.

Por isso, reputamos corretíssima a providência de supressão da mencionada frase, para que fossem evitados desvios de interpretação da Emenda.

3. OBJETO DA EMENDA

Fundamentalmente, como já anunciado acima, a Emenda Constitucional n. 66/2010 (PEC 28, de 2009) pretendeu facilitar a implementação do divórcio no Brasil, com a apresentação de dois pontos fundamentais:

a) extinção da separação judicial;

b) extinção da exigência de prazo de separação de fato para a dissolução do vínculo matrimonial.

Cuidemos de ambos os aspectos separadamente, para a sua melhor compreensão.

3.1. Extinção da separação judicial

A extinção da separação judicial – segundo a interpretação que fizemos da Emenda Constitucional aprovada – afigurar-se-ia, para nós, medida das mais salutares.

Como sabemos, a separação judicial era medida menos profunda que o divórcio.

Com ela, dissolvia-se, tão somente, a sociedade conjugal, ou seja, punha--se fim a determinados deveres decorrentes do casamento, como o de coa-

---

[30] Sobre este tema, ver Adriana Alves, Alienação fiduciária, prisão civil do devedor – admissibilidade. *Revista de Direito Privado*, São Paulo: Revista dos Tribunais, v. 1, p. 175, jan./mar. 2000.

bitação e o de fidelidade recíproca, facultando-se também, em seu bojo, a realização da partilha patrimonial.

Nesse sentido, estabelecia o art. 1.576 do Código Civil:

"Art. 1.576. A separação judicial põe termo aos deveres de coabitação e fidelidade recíproca e ao regime de bens".

Mas note-se que, reconhecida a separação judicial, o vínculo matrimonial persistia.

Pessoas separadas não podiam casar-se novamente, pois o laço matrimonial ainda não havia sido desfeito, o que somente seria possível em caso de morte de um dos cônjuges ou de decretação do divórcio.

Assim, é de clareza meridiana, estimado leitor, que o divórcio é infinitamente mais vantajoso que a simples medida de separação judicial (nome que se outorgou, em 1977, ao outrora conhecido "desquite").

Sob o prisma **jurídico**, com o divórcio, não apenas a sociedade conjugal é desfeita, mas também o próprio vínculo matrimonial, permitindo-se novo casamento; sob o viés **psicológico**, evita-se a duplicidade de processos – e o *strepitus fori* – porquanto pode o casal partir direta e imediatamente para o divórcio; e, finalmente, até sob a ótica **econômica**, o fim da separação é salutar, já que, com isso, evitam-se gastos judiciais desnecessários por conta da duplicidade de procedimentos.

E o fato de a separação admitir a reconciliação do casal – o que não seria possível após o divórcio, pois, uma vez decretado, se os ex-consortes pretendessem reatar precisariam casar-se de novo – não serve para justificar a persistência do instituto, haja vista que as suas desvantagens são, como referimos acima, muito maiores.

Ademais, uma simples observação do dia a dia forense permite constatar que não são tão frequentes os casos em que há um arrependimento posterior à separação judicial, dentro de um enorme universo de separações que se convertiam em divórcios.

Muito bem. A partir da promulgação da Emenda, desapareceu de nosso sistema constitucional o instituto da separação judicial, e, na nossa visão, toda legislação que o regulava, por consequência, teria sucumbido, sem eficácia, por conta de uma não recepção.

Com isso, consideramos tacitamente revogados os arts. 1.572 a 1.578 do Código Civil, perdendo sentido também a redação do art. 1.571 no que tange à referência feita ao instituto da separação.

Assim, não haveria mais espaço também para o divórcio indireto, pois, com o fim da separação judicial, não há o que ser convertido (art. 1.580).

PAULO LÔBO, em substancioso texto, passa em revista alguns dispositivos do Código Civil atingidos pela nova Emenda:

"A nova redação do § 6º do art. 226 da Constituição importa revogação das seguintes normas do Código Civil, com efeitos *ex nunc*: I – *Caput* do art. 1.571 (...), por indicar as hipóteses de dissolução da sociedade conjugal sem dissolução do vínculo conjugal, única via que a nova redação tutela. Igualmente revogada está a segunda parte do § 2º desse artigo, que alude ao divórcio por conversão, cuja referência na primeira parte também não sobrevive. II – Arts. 1.572 e 1.573, que regulam as causas da separação judicial. III – Arts. 1.574 a 1.576, que dispõem sobre os tipos e efeitos da separação judicial. IV – Art. 1.578, que estabelece a perda do direito do cônjuge considerado culpado ao sobrenome do outro. V – Art. 1.580, que regulamenta o divórcio por conversão da separação judicial. VI – Arts. 1.702 e 1.704, que dispõem sobre os alimentos devidos por um cônjuge ao outro, em razão de culpa pela separação judicial; para o divórcio, a matéria está suficiente e objetivamente regulada no art. 1.694. Por fim, consideram-se revogadas as expressões 'separação judicial' contidas nas demais normas do Código Civil, notadamente quando associadas ao divórcio. Algumas normas do Código Civil permanecem, apesar de desprovidas de sanção jurídica, que era remetida à separação judicial. É a hipótese do art. 1.566, que enuncia os deveres conjugais, ficando contido em sua matriz ética. A alusão feita em algumas normas do Código Civil à dissolução da sociedade conjugal deve ser entendida como referente à dissolução do vínculo conjugal, abrangente do divórcio, da morte do cônjuge e da invalidade do casamento. Nessas hipóteses, é apropriada e até necessária a interpretação em conformidade com a Constituição (nova redação do § 6º do art. 226). Exemplifique-se com a presunção legal do art. 1.597, II, de concepção na constância do casamento do filho nascido nos trezentos dias subsequentes à 'dissolução da sociedade conjugal', que deve ser lida e interpretada como dissolução do vínculo conjugal. Do mesmo modo, o art. 1.721 quando estabelece que o bem de família não se extingue com a 'dissolução da sociedade conjugal'"[31].

Em verdade, aprofundando mais o entendimento da matéria, concordamos com DIRLEY DA CUNHA JR. quando sustenta, comentando o controle de constitucionalidade em sede de arguição de descumprimento de pre-

---

[31] LÔBO, Paulo Luiz Netto. *Divórcio*: alteração constitucional e suas consequências. Disponível em: <http://www.ibdfam.org.br/?artigos&artigo=570>. Acesso em: 22-12-2009.

ceito fundamental, que, em situações como a analisada neste livro, o que ocorreria seria uma verdadeira *inconstitucionalidade superveniente das normas legais ordinárias*:

"Outra novidade suscitada pela arguição de descumprimento consiste na possibilidade de controle abstrato de constitucionalidade de atos anteriores à Constituição (ou à Emenda Constitucional nova). Nesse particular, a arguição de descumprimento veio 'corrigir' um equívoco da jurisprudência do Supremo Tribunal Federal, que não admitia a fiscalização abstrata de constitucionalidade do direito pré-constitucional, sob o argumento prático de que a questão apresentada era de simples revogação e não de inconstitucionalidade superveniente. Segundo a firme posição do Supremo, portanto, eventual colisão entre o direito pré-constitucional e a nova Constituição deveria ser solucionada segundo os princípios de direito intertemporal, haja vista que o processo abstrato de controle de constitucionalidade destina-se, exclusivamente, à aferição da constitucionalidade de normas pós-constitucionais.

O equívoco do STF residia no fato de que as questões de inconstitucionalidade não se resolvem no plano do direito intertemporal ou do critério cronológico da *lex posterior derogat lex priori*, e sim no plano do critério hierárquico ou da validade. O juízo de constitucionalidade ou inconstitucionalidade é um juízo acerca da validade de uma lei ou de um ato do poder público em face da Constituição que lhe serve de fundamento. Assim, se uma lei anterior, em face da nova Constituição, perde seu fundamento de validade, por não se compatibilizar materialmente com a nova ordem jurídico-constitucional, ela é inválida, ou seja, inconstitucional.

Ademais disso, é corrente na doutrina a ideia de que o critério da *lex posterior derogat lex priori* pressupõe duas normas contraditórias de idêntica densidade normativa, de tal modo que uma Constituição, composta, em regra, de normas gerais ou principiológicas, de conteúdo aberto, não possui densidade normativa equivalente a uma lei, não podendo, por isso mesmo, simplesmente revogá-la. Assim, no âmbito de uma teoria geral do direito, quando se tratar de uma antinomia entre normas de diferente hierarquia, impõe-se a aplicação do critério da *lex superior*, que afasta as outras regras de colisão referentes à *lex specialis* ou *lex posterior*. A não ser assim, 'chegar--se-ia ao absurdo, destacado por Ipsen, de que a lei ordinária, enquanto lei especial ou *lex posterior*, pudesse afastar a norma constitucional enquanto *lex generalis* ou *lex prior*'.

Com a arguição de descumprimento de preceito fundamental, que possibilitou expressamente, reitere-se, o controle da validade constitucional da norma preexistente, espera-se do Supremo Tribunal Federal que reveja, também por esse aspecto, sua posição e passe a acolher o fenômeno da inconstitucionalidade superveniente como regra em todo o sistema brasileiro de controle de constitucionalidade, alinhando-se, em definitivo, à jurisdição constitucional de outros países como Portugal, Espanha, Itália e Alemanha, que admitem o controle concentrado de constitucionalidade do direito pré-constitucional. Isso porque, é inegável que essa posição soa mais vantajosa para o sistema constitucional pátrio, pois passa a contar com um mecanismo mais eficiente de aferição da constitucionalidade do direito precedente"[32].

Em síntese, com a nova disciplina normativa do divórcio, encetada pela Emenda Constitucional, perdem força jurídica as regras legais sobre separação judicial, instituto que passa a ser extinto do ordenamento brasileiro, seja pela revogação tácita (entendimento consolidado no STF), seja pela inconstitucionalidade superveniente com a perda da norma validante (entendimento que abraçamos, do ponto de vista teórico, embora os efeitos práticos sejam os mesmos).

Pensar em sentido contrário seria prestigiar a legislação infraconstitucional, em detrimento da nova visão constitucional, bem como da própria reconstrução principiológica das relações privadas[33].

E, para nossa imensa satisfação, constatamos que, após o lançamento da primeira edição deste livro, a tese aqui defendida tem encontrado guarida nos tribunais pátrios.

Em um dos pioneiros (quiçá o primeiro) acórdãos brasileiros sobre o tema, o TJMG enfrentou a questão, incidentalmente, afirmando expressamente a extinção da separação judicial no ordenamento jurídico brasileiro.

Trata-se do Processo n. 0315694-50.2010.8.13.0000, relatado pelo Desembargador Dídimo Inocêncio de Paula, com julgamento em 21-10-2010 e publicação do acórdão em 12-11-2010.

Confira-se trecho do julgado:

É de se registrar que a doutrina vem entendendo que a edição da EC n. 66/10 extirpou do nosso ordenamento jurídico o instituto da separação

---

[32] CUNHA JÚNIOR, Dirley da. *Controle de constitucionalidade*: teoria e prática. Salvador: JusPodivm, 2006, p. 274-276.
[33] No mesmo sentido aqui defendido originalmente, confira-se o excelente artigo do amigo Flávio Tartuce, "Argumentos constitucionais pelo fim da separação de direito". Disponível em: <http://www.ibdfam.org.br/?artigos&artigo=718>. Acesso em: 13-6-2011.

judicial, prevendo como forma de extinção do vínculo matrimonial apenas o divórcio, o que geraria, por certo, superveniente impossibilidade jurídica do pedido formulado na ação originária deste recurso, culminando na extinção do feito sem julgamento do mérito.

Não obstante, em homenagem aos princípios da economia e da celeridade processuais, tenho que deve ser possibilitada às partes a oportunidade de requerer a conversão de seu pedido de separação judicial em divórcio, porquanto é cediço que a extinção do processo os obrigará a manejar novo feito, agora pleiteando o divórcio, para que seja logrado seu objetivo, no sentido do desfazimento do vínculo matrimonial.

Ora, não se desconhece a existência de vedação absoluta de alteração na causa de pedir ou no pedido após o saneamento do processo; entretanto, tendo em vista a situação extraordinária ora verificada com a edição recente da mencionada emenda, não se olvidando, ainda, que em caso de acordo entre as partes quanto à conversão do pedido em divórcio nenhum prejuízo lhes restará, deve a providência em comento ser adotada, a meu modesto sentir.

Na mesma vereda, conforme divulgado no Boletim n. 179, do IBDFAM, de 1º-12-2010:

DECISÕES DOS TRIBUNAIS DE SÃO PAULO E SANTA CATARINA AFASTAM SEPARAÇÃO JUDICIAL.
Depois do Tribunal de Justiça de Minas Gerais (TJMG), os tribunais dos Estados de São Paulo e Santa Catarina, em uma de suas decisões, entenderam que com a promulgação da Emenda Constitucional n. 66/2010 a separação judicial foi afastada do ordenamento jurídico brasileiro.
Para o relator do Tribunal de Justiça de São Paulo (TJSP) a nova redação do § 6º do art. 226 da CF, dada pela EC n. 66/2010, não recepcionou o instituto da separação judicial, mesmo porque não há direito adquirido ao instituto jurídico.
Já o relator do Tribunal de Justiça do Estado de Santa Catarina (TJSC) entendeu que o art. 1.124-A do Código de Processo Civil (CPC), que autorizava o divórcio consensual e a separação consensual, deve ser interpretado de acordo com a nova lei, que suprimiu a separação judicial do texto constitucional.

Outras respeitáveis instituições seguiram a mesma linha.

É o caso, por exemplo, da louvável iniciativa da Defensoria Pública Geral do Estado do Rio de Janeiro (DPGE-RJ), cuja Assessoria Jurídica

(Assejur) propugnou pela aplicação imediata da nova Lei do Divórcio. Em nota, a Assejur recomenda à DPGE-RJ a publicação no *site* da entidade da revogação tácita dos arts. 1.571, *caput*, 1.572, 1.573, 1.574, 1.575, 1.576, 1.578, 1.580, 1.702 e 1.704, todos da Lei n. 10.406/2002 (Código Civil), uma vez que, com a promulgação da Emenda Constitucional n. 66/2010, não é mais possível a realização da separação judicial e a discussão da culpa no rompimento do casamento[34].

Já no Estado da Bahia, em encontro promovido pela Corregedoria-Geral da Justiça, os Juízes das Varas de Família da capital aprovaram, à unanimidade, proposta de enunciado no sentido do reconhecimento da supressão do instituto jurídico da separação, a partir da entrada em vigor da nova Emenda do Divórcio[35].

Nesse contexto, comenta magistralmente o Prof. LUIZ EDSON FACHIN, com quem concluímos:

"Entre a resistência viva à transformação e as necessidades que se impõem pelos fatos, o papel a ser exercido, nesse campo, pelos operadores do Direito, poderá antecipar, em parte, aquilo que virá. Essa via mesma há de ser submetida à prova: o que está se passando no Direito Civil ('a constitucionalização' e a 'repersonalização', por exemplo) se trata de uma renovação ou são apenas retoques que operam o projeto racionalista que fundou as codificações privadas? Esta interrogação sugere pensar se o passo à frente que se esboça é uma mudança efetiva ou será tão só a última fronteira de um sistema oitocentista moribundo que agoniza mas ainda não se esgotou.

Pensar longe da mera exegese. Ver, enfim, esse calcanhar de Aquiles. Distante da superficialidade como não fizeram os bacharéis de então, que nos primeiros anos do século se dedicaram a um verdadeiro 'torneio de mandarins'[36].

---

[34] Notícia veiculada no *site* do IBDFAM, de 22 de julho de 2010, disponível em: <http://www.ibdfam.org.br/?noticias&noticia=3748>. Acesso em: 10-1-2011.
[35] Enunciado aprovado: "Segundo uma interpretação sistemática, histórica e social, e que leve ainda em consideração o superior *princípio da afetividade*, a aprovação da Emenda Constitucional n. 66, de 13 de julho de 2010, que alterou o § 6º do art. 226 da Constituição Federal, suprimiu a separação judicial do nosso sistema jurídico" (I Jornada dos Juízes das Varas de Família de Salvador, encontro ocorrido em 6 de maio de 2011, na sede da Escola de Magistrados, Salvador, Bahia).
[36] Nas palavras de Nelson Werneck Sodré, em torno da redação de uma lei, como o foi com o projeto do Código Civil, quando pouco importou realmente o conteúdo, "dando valor ornamental à inteligência, ao talento como prenda, numa erudição desinteressada e descomprometida" (à página 436 do livro *História da literatura brasileira*. Rio de Janeiro: Civilização Brasileira, 1979) – rodapé do texto original.

Abrir-se para esse horizonte é uma opção de sentido que se afasta das concepções didáticas meramente ilustrativas"[37].

Em que pese o posicionamento aqui adotado, do qual temos plena convicção, também respaldado por diversos pensadores brasileiros de escol (vários deles aqui citados) e por prestigiadas instituições nacionais, como o IBDFAM, a matéria ainda encontrou profunda resistência por parte da doutrina.

Nesse sentido, por amor à dialética, vale destacar que a V Jornada de Direito Civil, realizada de 8 a 11 de novembro de 2011, no Conselho da Justiça Federal, aprovou o Enunciado 514, com a seguinte redação: "A EC 66/2010 não extinguiu a separação judicial e extrajudicial", o que foi reforçado pela manutenção da expressão no Código de Processo Civil de 2015.

Tal linha doutrinária influenciou o Superior Tribunal de Justiça.

Com efeito, nessa linha, não podemos deixar de mencionar o REsp 1.247.098/MS, que entendeu pela subsistência da separação judicial[38].

---

[37] FACHIN, Luiz Edson. *Elementos críticos do direito de família:* curso de direito civil. Rio de Janeiro: Renovar, 1999, p. 6-7.

[38] No mesmo sentido, confiram-se os seguintes acórdãos do Superior Tribunal de Justiça: "RECURSO ESPECIAL. DIREITO CIVIL. DIREITO DE FAMÍLIA. EMENDA CONSTITUCIONAL N. 66/2010. DIVÓRCIO DIRETO. REQUISITO TEMPORAL. EXTINÇÃO. SEPARAÇÃO JUDICIAL OU EXTRAJUDICIAL. COEXISTÊNCIA. INSTITUTOS DISTINTOS. PRINCÍPIO DA AUTONOMIA DA VONTADE. PRESERVAÇÃO. LEGISLAÇÃO INFRACONSTITUCIONAL. OBSERVÂNCIA. 1. A dissolução da sociedade conjugal pela separação não se confunde com a dissolução definitiva do casamento pelo divórcio, pois versam acerca de institutos autônomos e distintos. 2. A Emenda à Constituição nº 66/2010 apenas excluiu os requisitos temporais para facilitar o divórcio. 3. O constituinte derivado reformador não revogou, expressa ou tacitamente, a legislação ordinária que cuida da separação judicial, que remanesce incólume no ordenamento pátrio, conforme previsto pelo Código de Processo Civil de 2015 (arts. 693, 731, 732 e 733 da Lei nº 13.105/2015). 4. A opção pela separação faculta às partes uma futura reconciliação e permite discussões subjacentes e laterais ao rompimento da relação. 5. A possibilidade de eventual arrependimento durante o período de separação preserva, indubitavelmente, a autonomia da vontade das partes, princípio basilar do direito privado. 6. O atual sistema brasileiro se amolda ao sistema dualista opcional que não condiciona o divórcio à prévia separação judicial ou de fato. 7. Recurso especial não provido" (STJ, REsp 1.431.370/SP, 3ª T., Rel. Min. Ricardo Villas Bôas Cueva, j. em 15-8-2017, *DJe* de 22-8-2017).

"RECURSO ESPECIAL. DIREITO CIVIL. FAMÍLIA. EMENDA CONSTITUCIONAL Nº 66/10. DIVÓRCIO DIRETO. SEPARAÇÃO JUDICIAL. SUBSISTÊNCIA. 1. A separação é modalidade de extinção da sociedade conjugal, pondo fim aos deveres de coabitação e fidelidade, bem como ao regime de bens, podendo, todavia, ser revertida a qualquer momento pelos cônjuges (Código Civil, arts. 1571, III e 1.577). O divórcio, por outro lado, é forma de dissolução do vínculo conjugal e extingue o casamento, permitindo que os ex-cônjuges celebrem novo matrimônio (Código Civil, arts. 1571, IV e 1.580). São institutos diversos, com consequências e regramentos jurídicos distintos. 2. A Emenda Constitucional nº 66/2010 não revogou os

Contudo, amigo leitor, uma certeza temos: se, no futuro, não for efetivamente banida de nosso sistema por jurisprudência vinculante, a separação judicial estará fadada ao desuso, pelo próprio desinteresse social, dada a sua inutilidade.

Outro aspecto deve ainda ser observado, a título de complementação.

O Conselho Nacional de Justiça reorientou os cartórios sobre o tema acerca da emissão das escrituras públicas de separação e divórcio consensuais.

Com efeito, por meio da Resolução n. 120/2010, cujo inteiro teor consta no Anexo 2 deste livro, foi revogado o art. 53 da Resolução n. 35/2007, que regulava o lapso temporal de dois anos de separação de fato para a realização do divórcio.

A outra alteração ocorreu no art. 52, compreendendo-se que a emenda permitiu aos cônjuges separados judicialmente converter a separação judicial ou extrajudicial em divórcio diretamente no cartório.

Tal medida se fez necessária, tendo em vista que o Conselho Nacional de Justiça (CNJ) considerou fundamental escoimar dúvidas sobre a alteração constitucional, prestigiando ainda o princípio da celeridade.

Tais ajustes promovidos na Resolução n. 35/2007 foram solicitados pelo Instituto Brasileiro de Direito de Família (IBDFAM).

E não poderíamos encerrar este tópico sem refletirmos acerca da opção feita pelo novo Código de Processo Civil no sentido de manter a referência à separação judicial.

Certamente, o codificador não quis se envolver neste acalorado debate travado entre os civilistas.

Sucede que poderia ter contribuído para o aperfeiçoamento das normas do direito de família brasileiro, suprimindo a referência a um instituto já condenado ao cadafalso da invisibilidade social.

Mantendo o nosso posicionamento histórico sobre o tema, afirmamos que esta aparente "sobrevida" da separação servirá apenas para estimular a sua paulatina morte pelo desuso[39].

---

artigos do Código Civil que tratam da separação judicial. 3. Recurso especial provido" (STJ, REsp 1.247.098/MS (2011/0074787-0), 4ª T., Rel. Min. Maria Isabel Gallotti, j. em 14-3-2017).

Permitindo-nos discordar, entendemos que a separação judicial carece, inegavelmente, de utilidade prática, na medida em que não dissolve o vínculo conjugal, extinguindo apenas alguns deveres matrimoniais (art. 1.576 do CC-02). Por isso, embora respeitemos, não concordamos com esses julgados do STJ, razão por que aguardamos eventual pronunciamento do próprio Supremo Tribunal Federal. Registramos, porém, que, em termos de procedimento, não há diferença marcante entre o pedido de divórcio e o de separação judicial.

[39] Compreendendo o divórcio como um "remédio amargo", poetizou um dos autores desta obra:

"O Remédio Amargo
Rodolfo Pamplona Filho

Pode chegar um momento em suas vidas
Em que a Paixão se torna amizade,
para depois virar educação;
em que Tom Jobim e Vinícius de Moraes viram Kid Abelha,
em que o 'Eu sei que vou te amar'
vira 'o nosso amor se transformou em bom dia';
em que a sua identidade de amante
é convertida em ser pai ou mãe de alguém...

Pode chegar um momento em suas vidas
em que o sexo se torna burocrático,
como um ponto a ser batido
ou um dever a ser agendado;
em que qualquer coisa é motivo para dizer não,
como se precisasse de algo para dizer não...
ou quando o 'não quero', 'não pode', 'não faço', 'não vou'
se tornam mais comuns do que o 'eu te amo'...

Pode chegar um momento em suas vidas,
em que não há mais gota d'água a esperar,
pois o cálice já transbordou há muito;
em que o silêncio é menos constrangedor
do que ouvir a voz do ente antes amado,
em que a ansiedade de conhecer o outro
é substituída pelo marasmo absurdo
da convivência com falta de assunto...

Pode chegar um momento em suas vidas
em que o resgate dos sentimentos de outrora
é visto como uma chatice ou perda de tempo;
em que as lembranças de momentos felizes
são vistas como um 'mico' de um passado distante
em que a tentativa de diálogo é interrompida
por um bocejo ou por um olhar no infinito;
em que se percebe que o desrespeito tem perdão,
mas a monotonia não tem solução...

Pode chegar um momento em suas vidas,
em que se discute compatibilização de horários,
como se o que se tornou um já tivesse desvirado;
em que o trabalho dá prazer e o prazer dá trabalho,
onde o *stress* é preferível à companhia do outro;
em que vale pena se submeter voluntariamente
a um instrumento de tortura medieval,
em que passar a vida esperando a morte não soa assim tão mal...

Mas o fim da separação judicial não foi o único objeto da emenda. Confiramos o próximo tópico.

3.2. Extinção do prazo de separação de fato para o divórcio

A segunda significativa mudança operada pela Emenda foi a supressão do prazo de separação de fato para efeito de decretação do divórcio direto.

Até então se exigia, para o divórcio direto, estarem os cônjuges separados de fato há mais de dois anos, sem que houvesse, no período, efetiva reconciliação entre o casal.

Assim, se João e Maria convolaram núpcias em 2003, separando-se de fato em 2005, somente poderiam pugnar o divórcio direto a partir de 2007 (quando completados mais de dois anos de separação de fato).

Afora a discussão existente acerca da diferença formal entre "separação de fato" e "ruptura da vida em comum"[40], o que se tem agora, a partir da Emenda, é a desnecessidade de demonstração de qualquer ruptura convivencial entre os consortes.

Vale dizer, o divórcio passa a caracterizar-se, portanto, como um simples **direito potestativo** a ser exercido por qualquer dos cônjuges, independentemente da fluência de prazo de separação de fato ou de qualquer outra circunstância indicativa da falência da vida em comum.

Um dia, uma semana, um mês, um ano ou uma década após o casamento, pouco importa, qualquer dos cônjuges, concluindo não querer mais permanecer matrimonialmente unido ao outro, poderá formular pedido de divórcio pela via administrativa (se observados os requisitos do art. 1.124-A do CPC) ou judicial.

Pode chegar um momento em suas vidas,
em que a promessa não consegue mais prevalecer;
em que a experiência derrota a esperança;
em que não faz mais sentido permanecer...
em que não há mais nada a fazer,
senão tomar o remédio amargo,
na agonia que o veneno feche e cicatrize a ferida,
em vez de provavelmente matar o paciente.

Rio de Janeiro, 24 de abril de 2010"
(Disponível em: <http://rodolfopamplonafilho.blogspot.com.br/2010/08/o-remedio-amargo_28.html>. Acesso em: 8-10-2015).

[40] Sobre o tema, confira-se o Tópico 3 ("Sobre o divórcio judicial direto") do Capítulo VII ("O Divórcio Judicial") desta obra.

E note-se que já não faz sentido dizer "divórcio direto", uma vez que, com o fim da separação judicial, desapareceu a utilidade em distingui-lo da modalidade indireta ou por conversão.

Com a mudança determinada pela Emenda, não temos dúvida, caro leitor, de que o Direito brasileiro converter-se-á em um dos mais liberais do mundo para efeito de permitir, com mais imediatidade, a dissolução do vínculo matrimonial.

Só para ter uma ideia, vejamos o exemplo do Direito alemão.

A legislação alemã estabelece duas condições básicas para o divórcio:

a) o casal estar separado de fato há pelo menos um ano, situação em que deverá haver pedido conjunto dos cônjuges ou, ainda que o pedido seja formulado por apenas um dos consortes, o outro consinta;

b) estarem os cônjuges separados de fato há, pelo menos, três anos.

Afora essas situações, o casal somente poderá divorciar-se se o fracasso da relação for devidamente verificado pelo Tribunal[41].

Além disso, esse sistema europeu ainda mantém cláusula de dureza (*Härteklausel*): *excepcionalmente, posto fracassado o casamento, não ocorrerá o divórcio, enquanto a manutenção do casamento for necessária à preservação do interesse das crianças (prejuízo evidente ao bem-estar da criança).* Também, por razões especiais, se o divórcio *representar para o outro cônjuge dificuldade extraordinária, por conta de grave doença ou situação econômica, tiver o proponente de desistir da medida*[42].

---

[41] Essas informações foram obtidas, em tradução livre, do seguinte original alemão: "Um zu vermeiden, daβ das Gericht in jedem Fall – ggf im Wege einer Beweisaufnahme – in die Interna der Ehe eindrigen muβ, wird § 1565 Abs 1 durch zwei unwiderlegliche Vermutungen hinsichtlich des Scheiterns der Ehe ergänzt, nämlich zum einen dann, wenn die Eheleute seit mindestens einem Jahr getrennt leben und beide die Scheidung beantragen bzw der eine Ehegatte dem Antrag des anderen zustimmt (§ 1566 Abs 1), zum anderen dann, wenn die Eheleute seit mindestens drei Jahren getrennt leben (§ 1565 Abs 2). Liegen diese Voraussetzungen nicht vor, kann die Ehe nur geschieden werden, wenn das Scheitern positiv festgestellt worden ist" (VOPPEL, Reinhard. *Kommentar zum Burgerlichen Gesetzbuch mit Einführunsgesetz und Nebengesetzen – Eckpfeiler des Zivilrechts.* Berlin: J. Von Satudingers, 2008, p. 1091).

[42] Confira-se o original alemão: "Auch dann, wenn die Ehe gescheitert ist, darf eine Scheidung nicht erfolgen, wenn und solange die Aufrechterhaltung der Ehe ausnahmsweise im Interesse minderjähriger Kinder der Ehegatten notwendig ist (deutliche Beeinträchtigung des Kindeswohls); dasselbe gilt aus, wenn die Scheidung aus besonderen Gründen fur den sie ablehnenden sheidungswilligen Ehegatten ausnahmsweise zürucktreten müssen (schwere Krankheit eines Ehegatten, besondere wirtschaftliche Härte), § 1568" (VOPPEL, Reinhard. *Kommentar zum Bürgerlichen Gesetzbuch mit Einführunsgesetz und Nebengesetzen – Eckpfeiler des Zivilrechts.* Berlin: J. Von Satudingers, 2008, p. 1091).

Em Portugal, escreveu ANTUNES VARELA:

"O direito português é hoje dos direitos europeus que, com maior amplitude, permite a dissolução do casamento, tanto civil, como canônico, pelo divórcio. Além de admitir a separação judicial de pessoas e bens, quer litigiosa, quer consensual, ao lado do divórcio, o Código Civil faculta tanto o divórcio litigioso (art. 1.779), com grande largueza de fundamentação, como o divórcio por mútuo consentimento, hoje quase sem nenhuns entraves à vontade comum dos cônjuges (art. 1.175)"[43].

E, quanto ao prazo do divórcio no Direito lusitano, asseverou JORGE PINHEIRO:

"O divórcio fundado em ruptura da vida em comum pode ter como causa a separação de facto por três anos consecutivos (art. 1.781, al. *a*) ou a separação de facto por um ano se o divórcio for requerido por um dos cônjuges sem a oposição do outro (art. 1.781, al. *b*)"[44].

Ora, a partir da promulgação da nova Emenda, passamos à frente dos alemães e também dos portugueses.

No sistema inaugurado, não só inexiste causa específica para a decretação do divórcio (decurso de separação de fato ou qualquer outra) como também não atua mais nenhuma condição impeditiva da decretação do fim do vínculo, tradicionalmente conhecida como "cláusula de dureza".

Aliás, quanto a esta última cláusula, o próprio Código Civil de 2002 já não havia mais repetido o dispositivo constante no revogado art. 6º da Lei do Divórcio[45].

Em síntese: *com a entrada em vigor da nova Emenda, é suficiente instruir o pedido de divórcio com a certidão de casamento, não havendo mais espaço para a discussão de lapso temporal de separação fática do casal ou, como dito, de qualquer outra causa específica de descasamento.*

---

[43] VARELA, João de Mattos Antunes. *Direito de família*. 5. ed. Lisboa: Petrony, 1999, p. 487-488.
[44] PINHEIRO, Jorge. *O direito da família contemporâneo*. Lisboa: AAFDL, 2008, p. 620.
[45] "Art. 6º Nos casos dos §§ 1º e 2º do artigo anterior, a separação judicial poderá ser negada, se constituir, respectivamente, causa de agravamento das condições pessoais ou da doença do outro cônjuge, ou determinar, em qualquer caso, consequências morais de excepcional gravidade para os filhos menores." Dispunham os referidos dispositivos: "*§ 1º A separação judicial pode, também, ser pedida se um dos cônjuges provar a ruptura da vida em comum há mais de 1 (um) ano consecutivo, e a impossibilidade de sua reconstituição*" (redação dada pela Lei n. 8.408, de 13-2-1992). "*§ 2º O cônjuge pode ainda pedir a separação judicial quando o outro estiver acometido de grave doença mental, manifestada após o casamento, que torne impossível a continuação da vida em comum, desde que, após uma duração de 5 (cinco) anos, a enfermidade tenha sido reconhecida de cura improvável.*"

Vigora, mais do que nunca, agora, o princípio da ruptura do afeto – o qual busca inspiração no *Zerrüttungsprinzip* do Direito alemão – como simples fundamento para o divórcio.

Nesse ponto, uma pergunta poderá ser feita: é razoável não haver um prazo mínimo de reflexão para que o casal amadureça o pedido de descasamento, impedindo assim que simples briga, motivada por uma explosão emocional de momento, possa pôr fim ao enlace conjugal?

Seria justa a solução da Emenda no sentido de considerar o divórcio simples exercício de um direito potestativo, não condicionado, sem causa específica para o seu deferimento?

Certamente, muitos dos nossos leitores concluirão pelo desacerto da Emenda, considerando que não se afiguraria justo admitir o divórcio sem que se fixasse um período mínimo de separação de fato, dentro do qual os consortes pudessem amadurecer a decisão de ruptura.

Mas aqui caberia outra pergunta: é mesmo dever do Estado estabelecer um prazo de reflexão?

Se a decisão de divórcio é estritamente do casal, não violaria o princípio da intervenção mínima do Direito de Família, o estabelecimento coercitivo de um período mínimo de separação de fato? E que período seria este? Um ano? Por que dois?

Em nosso sentir, é correta a solução da Emenda, pois, como dito, a decisão de divórcio insere-se em uma seara personalíssima, de penetração vedada por parte do Estado, ao qual não cabe determinar tempo algum de reflexão.

Se o próprio casal resolve, no dizer comum, "dar um tempo", a opção é deles e deriva da sua autonomia privada.

Hoje, então, com o novo sistema, temos o seguinte.

Se João Regino se casa com Adri e, dois meses depois, descobre que ela não é o amor de sua vida (e isso acontece...), poderá pedir o divórcio.

Sem causa específica.

Sem prazo determinado.

Pede, simplesmente, porque não a ama mais. E há motivo mais forte que esse?

O que não convence é o argumento contrário à solução da Emenda, no sentido de que o não estabelecimento de prazo conduziria a divórcios impensados, e, consequentemente, à impossibilidade de retomarem o mesmo casamento.

Tais argumentos não convencem, primeiro, como já dito, pelo fato de que, se a decisão é impensada ou não, ela é dos membros do casal, e não do Estado. E segundo porque, se o casal, divorciado, resolve reatar, poderá, querendo, casar-se novamente. Afinal, não existe, na lei, o estabelecimento de um número mínimo de vezes em que o mesmo casal possa unir-se em matrimônio.

Enfrentemos, no próximo capítulo, o tema do divórcio extrajudicial.

Capítulo VI

O Divórcio Extrajudicial

1. CONSIDERAÇÕES INTRODUTÓRIAS SOBRE A DESJUDICIALIZAÇÃO DO DIVÓRCIO

A modalidade judicial de divórcio é tradicional em nosso Direito, porquanto, desde a sua consagração, na lei de 1977, sempre se exigiu a instauração de um procedimento, litigioso ou amigável, perante o Poder Judiciário, para a obtenção da dissolução do vínculo.

Se, em décadas passadas, essa necessária "judicialização" do divórcio teve razão de ser – em grande parte explicada por conta de uma cultura essencialmente sacramental do matrimônio –, a sociedade moderna, sobretudo após a virada do século, resultou por rechaçá-la.

Em uma sociedade acentuadamente marcada pela complexidade das relações sociais – no dizer profético de DURKHEIM –, a inafastável exigência de um processo para a dissolução do vínculo, com todas as dificuldades imanentes ao nosso sistema judicial, é, em nosso sentir, uma forma de imposição de sofrimento àqueles que já se encontram, talvez pelas próprias circunstâncias da vida, suficientemente punidos.

E esse sofrimento – fala-se, aqui, em *strepitus fori* – prolonga-se quando a solução judicial, em virtude de diversos fatores alheios à vontade do casal, não se apresenta com a celeridade devida.

Para se ter uma ideia, no sistema brasileiro usual do divórcio, basta que um dos cônjuges resida em outra comarca, exigindo a expedição de carta precatória, para que a sentença, por circunstâncias imprevistas de variada ordem, não possa ser proferida no tempo esperado.

Isso sem mencionar o gigantesco número de processos que, a despeito do incessante trabalho de juízes e servidores, abarrotam o Poder Judiciário, muitos deles aguardando apenas um pronunciamento simples, que reconheça o fim do afeto, permitindo, assim, aos cônjuges seguirem as suas novas trilhas de vida.

Contextualizando o que foi dito, e para se ter uma ideia da inegável utilidade do incentivo a um meio alternativo de descasamento, concordamos com PAULO LÔBO que um verdadeiro reclamo da sociedade brasileira fora, finalmente, atendido, quando da aprovação do divórcio administrativo[46]:

"Atendendo ao reclamo da comunidade jurídica brasileira, e da própria sociedade, para desjudicialização das separações conjugais quando não houvesse litígio, a Lei 11.441/2007 introduziu a possibilidade de o divórcio ou a separação consensuais serem feitos pela via administrativa, mediante escritura pública"[47].

E as suas vantagens práticas são inegáveis:

"Um ano e meio após ser sancionada pelo presidente Luis Inácio Lula da Silva, a Lei 11.441, que leva aos estabelecimentos notarias e registrais os casos consensuais de divórcio, inventário e partilhas de bens, desde que não envolvam o interesse de menores, já é uma realidade. A nova legislação trouxe agilidade e economia aos paranaenses, facilitando o procedimento: o tempo médio para a execução da escritura pública em cartório é de 15 dias, dependendo do número de bens envolvidos na questão. Os preços também estão mais acessíveis comparados ao procedimento judicial, custando até 90% menos ao bolso do cidadão. (...) Antes da Lei 11.441, separações e divórcios só podiam ser realizados por juízes nas Varas de Família e Sucessão e o processo era mais demorado. Uma separação amigável levava em média dois meses. Já com a nova lei, pode ser feita no mesmo dia. Em casos de inventários sem bens envolvidos, o procedimento, que levava meses, passou a ser feito em cinco dias. Em inventários que existem bens, o procedimento é realizado em até 40 dias, contra meses pelo modelo anterior. Ou seja, além de trazer vantagens à população, a legislação é uma contribuição ao Judiciário brasileiro, que pode concentrar esforços apenas aos casos em que realmente a figura mediadora do juiz se faz necessária, para a resolução de conflitos ou respaldar o direito de menores e incapazes"[48].

---

[46] Outros Estados no mundo admitem a modalidade administrativa de divórcio, como se dá no Direito português, a respeito do qual escrevem Francisco Coelho e Guilherme de Oliveira: "O processo de divórcio por mútuo consentimento 'administrativo', decidido em conservatória do registro civil, está regulado nos arts. 271-274. CRegCiv", e, mais adiante, complementam: "A decisão do conservador que tenha decretado o divórcio é notificada aos requerentes e dela cabe recurso ao Tribunal de Relação" (*Curso de direito de família*: introdução – direito matrimonial. 2. ed., Coimbra: Coimbra Ed., 2001, v. I, p. 604-605).
[47] LÔBO, Paulo Luiz Netto. *Divórcio e separação consensuais extrajudiciais*. Disponível em: <http://www.ibdfam.org.br/?artigos&artigo=299>. Acesso em: 14-11-2009.
[48] PINTO, José Augusto Alves. "Paraná quer aumentar número de divórcios em cartório no interior". Notícia publicada no *site Consultor Jurídico*. Disponível em: <http://www.conjur.com.br/2008-jun-24/cartorios_pr_buscam_ampliacao_lei_11441?imprimir=1>. Acesso em: 14-11-2009.

Por tudo isso, pensamos que o divórcio judicial, analisado em seguida, deva ser, em verdade, uma via de exceção, reservado a situações especiais, para que, com isso, se possa incentivar o acesso mais simples, rápido e direto à forma administrativa de dissolução do vínculo[49].

---

[49] Já se fala, inclusive, na modalidade de divórcio *on line* (pela internet). A respeito do tema, veja notícia veiculada pelo *site Consultor Jurídico*: "A Comissão de Constituição e Justiça aprovou nesta quarta-feira (2/9), em decisão terminativa, o projeto de lei que permite que pedidos de separação e divórcio sejam feitos pela internet. O projeto segue agora para a Câmara dos Deputados. As informações são da *Agência Senado*. O projeto, que altera texto do Código de Processo Civil, prevê que podem ser requeridos por via eletrônica pedidos de 'separação consensual e o divórcio consensual, não havendo filhos menores ou incapazes do casal, e observados os requisitos legais quanto aos prazos'. Na petição, devem constar informações sobre a partilha dos bens comuns, pensão alimentícia e possível alteração de nomes. Em sua justificativa, a senadora Patricia Saboya (PDT-CE) afirmou que o projeto de lei se utiliza das tecnologias atuais, somadas às leis recentes e ferramentas disponibilizadas pelo Conselho Nacional de Justiça" (disponível em: <http://www.conjur.com.br/2009-set-02/ccj-senado-aprova-pedido-separacao-divorcio-internet>. Acesso em: 29-11-2009). Trata-se do Projeto de Lei do Senado 464, de 2008, que dispõe: "**Art. 1º** A Lei n. 5.869, de 11 de janeiro de 1973 (Código de Processo Civil), passa a vigorar acrescida do seguinte artigo: '**Art. 1.124-B**. A separação consensual e o divórcio consensual, não havendo filhos menores ou incapazes do casal, e observados os requisitos legais quanto aos prazos, poderão ser requeridos, ao juízo competente, por via eletrônica, conforme disposições da Lei n. 11.419, de 19 de dezembro de 2006, que dispõe sobre a informatização do processo judicial. *Parágrafo único*. Da petição constarão as disposições relativas à descrição e partilha dos bens comuns, à pensão alimentícia e aos nomes, se tiverem sido alterados com o casamento. **Art. 2º** Esta Lei entra em vigor na data da sua publicação'. Pensamos que a proposta é bem intencionada, mas a sua implementação não é simples, mormente em se considerando a inexistência, no Brasil, de diretivas e normas de regulação das relações eletrônicas, indispensáveis para a formalização segura deste tipo de medida. Ademais, a ausência do advogado é aspecto delicado, que já tem gerado contundentes críticas à proposta legislativa: 'Parece que a senadora, assim como a Comissão de Constituição e Justiça do Senado, não leram a lei que instituiu o processamento de ações judiciais por meio digital. E, se o fizeram, não entenderam. Isto porque a Lei 11.419 já autoriza uso de meio eletrônico na tramitação de processos judiciais, aplicando-se indistintamente aos processos civil, penal, trabalhista e aos juizados especiais em qualquer grau de jurisdição. Pergunta-se, então, onde se localiza a conclamada 'inovação' da medida, uma vez que também as ações de divórcio e separação se encontram abrangidas pela Lei 11.419. Registre-se, ainda, que inexiste a obrigatoriedade da implantação de sistema de processamento de autos digitais. O diploma legal instituiu o critério de adesão voluntária aos órgãos do Poder Judiciário que desejem desenvolver sistemas eletrônicos de processamento de ações judiciais por meio de autos digitais, cabendo a cada qual a regulamentação no âmbito de suas respectivas competências. Sendo assim, caso o órgão jurisdicional não disponha de recursos tecnológicos que proporcionem a tramitação processual por meio eletrônico, os autos não poderão tramitar por tal sistemática! (...) Em relação à pretendida 'dispensa de advogados no divórcio *on-line*', cumpre informar à senadora que seu desejo não encontra qualquer respaldo legal. A Lei 11.441/2007 – que possibilitou a realização de inventário, partilha, separação consensual e divórcio consensual por via administrativa – em nenhum momento dispensa a presença do advogado. Ao contrário, prevê expressamente que a escritura somente será lavrada pelo tabelião caso haja assistência de advogado" (FERREIRA, Ana Amélia; NEVES, Luiz Octávio. *Projeto de Lei sobre Divórcio* on line *é inútil*. Disponível em: <http://www.conjur.com.br/2009-set-23/projeto--lei-pretende-instituir-divorcio-online-inutil>. Acesso em: 29-11-2009). A matéria, pelo visto, é polêmica, e certamente ainda será motivo de acesas controvérsias e acaloradas discussões em nosso país.

Melhor para a sociedade, melhor para o próprio Judiciário.

Compreendamos, agora, a disciplina normativa do divórcio extrajudicial.

2. DISCIPLINA NORMATIVA DO DIVÓRCIO EXTRAJUDICIAL

Atendendo ao reclamo da sociedade, na busca da desburocratização de procedimentos, foi editada a Lei n. 11.441, de 4 de janeiro de 2007, estabelecendo normas disciplinadoras da separação, divórcio e inventário por escritura pública.

Indubitavelmente, consiste a referida lei em um marco na busca de soluções extrajudiciais para a prática de atos jurídicos em que não há litigiosidade.

Sua iniciativa se deu por meio do Projeto de Lei n. 155, de 2004, de autoria do senador baiano César Borges.

A proposta original, inclusive, limitava-se à autorização do inventário extrajudicial, mas, na tramitação, foi modificada, na Câmara dos Deputados, convertendo-se no Projeto substitutivo n. 6.416, de 2005, incluindo a disciplina da separação e do divórcio extrajudicial, quando não houvesse filhos menores e incapazes.

A Lei n. 11.441/2007, em síntese, alterou dispositivos do Código de Processo Civil de 1973, possibilitando a realização de inventário, partilha, separação consensual e divórcio consensual pela via administrativa.

Limitando-nos ao corte epistemológico adotado, basta-nos a interpretação do tema do divórcio extrajudicial, já que o estudo do inventário e da partilha ultrapassa a proposta deste livro.

É um avanço de cidadania, no reconhecimento de que, pelo menos para se divorciar ou se separar, os sujeitos não precisam mais da fiscalização estatal, sendo efetivos protagonistas de suas vidas e patrimônios.

Nesse campo, o consenso não se limita ao desejo de se divorciar (ou se separar).

Com efeito, a intenção da norma é que a consciência dos outrora cônjuges seja de tal forma que **possam** especificar, desde logo, como deve se dar a "partilha dos bens comuns e a pensão alimentícia"[50].

---

[50] Claro que, em aplicação analógica à Súmula 197 do Superior Tribunal de Justiça (*"O divórcio direto pode ser concedido sem que haja prévia partilha dos bens"*), a partilha de bens não deve ser considerada um requisito indispensável para a lavratura da escritura de divórcio extrajudicial. Neste sentido, também é o posicionamento de Christiano Cassettari: "Entendemos que a partilha de bens **pode**

Do mesmo modo, é a sua liberdade que estabelecerá se haverá "retomada pelo cônjuge de seu nome de solteiro ou a manutenção do nome adotado quando se deu o casamento", não devendo o Estado intervir também em tão íntima questão.

Não há mais falar também em "observados os requisitos legais quanto aos prazos", uma vez que já não há prazos a serem cumpridos para a aquisição do direito de divorciar-se.

Note-se que, além do consenso, o segundo requisito para o exercício do divórcio extrajudicial ou administrativo, consoante a letra da lei, é a inexistência de filhos menores ou incapazes do casal.

Registre-se, todavia, que o novo CPC redimensionou a matéria.

De fato, na forma do seu art. 733, o "divórcio consensual, a separação consensual e a extinção consensual de união estável, não havendo nascituro ou filhos incapazes e observados os requisitos legais, poderão ser realizados por escritura pública, da qual constarão as disposições de que trata o art. 731[51]".

---

ser feita e não que **deva** ser realizada quando a escritura for lavrada. O argumento para tal afirmação é que o art. 1.581 do Código Civil estabelece que o divórcio pode ser concedido sem prévia partilha de bens. Em razão disso, se o divórcio pode, a separação também poderá ser concedida sem prévia partilha de bens, ou seja, o art. 1.575 do referido diploma legal é interpretado no sentido de que forma um condomínio nos bens comuns do casal que se separa e não faz partilha, já que tal condomínio poderia se formar tendo qualquer pessoa como coproprietário, inclusive os ex-cônjuges. Não é recomendado que os cônjuges, em regra, deixem a partilha de bens para momento posterior à separação e/ou divórcio. Todavia, não se pode proibir que isto ocorra por inexistência de empecilho legal expresso. Não podemos esquecer que muitos cônjuges não formalizam a separação e o divórcio em razão da complexidade que a divisão de certos patrimônios envolve. Assim, a escritura que realiza a separação e o divórcio deve conter cláusula expressa que indique que a partilha de bens será feita em outro momento, judicialmente ou por escritura pública, devendo, somente se for possível, descrever os bens que estão em condomínio. Ressalte-se que essa frase não gera uma proibição para que essa partilha venha a ser realizada no futuro por escritura pública, desde que haja consenso entre as partes" (CASSETTARI, Christiano. *Separação, divórcio e inventário por escritura pública:* teoria e prática. 3. ed. São Paulo: Gen/Método, 2008, p. 76-77).

[51] Dispõe o art. 731 do novo Código de Processo Civil:
"Art. 731. A homologação do divórcio ou da separação consensuais, observados os requisitos legais, poderá ser requerida em petição assinada por ambos os cônjuges, da qual constarão:
I – as disposições relativas à descrição e à partilha dos bens comuns;
II – as disposições relativas à pensão alimentícia entre os cônjuges;
III – o acordo relativo à guarda dos filhos incapazes e ao regime de visitas; e
IV – o valor da contribuição para criar e educar os filhos.
Parágrafo único. Se os cônjuges não acordarem sobre a partilha dos bens, far-se-á esta depois de homologado o divórcio, na forma estabelecida nos arts. 647 a 658".
Obviamente, os incisos III e IV não se aplicam à escritura pública de dissolução consensual do casamento e da união estável, na medida em que a existência de filhos incapazes impede a utilização da via administrativa.

Conforme se observa, inseriu-se referência à possibilidade de haver nascituro[52] como causa impeditiva da realização do procedimento administrativo.

Com efeito, inovando a matéria, ressalvaram-se os potenciais direitos do nascituro, tal qual já se protegiam os direitos dos filhos incapazes.

Assim, havendo nascituros e/ou filhos incapazes, o procedimento extrajudicial não é autorizado, devendo a postulação ser deduzida judicialmente, inclusive com a manifestação do Ministério Público[53].

Desta forma, parece-nos que, se omitida a gravidez (ou mesmo a existência de filhos incapazes), a escritura pública padecerá de nulidade absoluta por vício de forma (eis que o divórcio não poderia ser materializado administrativamente).

Vale destacar, ainda, que a nova norma processual estendeu o procedimento para a extinção consensual de união estável, o que é louvável, dada a ampla ocorrência desta modalidade de entidade familiar.

Trata-se, realmente, de um esforço para a desjudicialização de procedimentos, desafogando o Poder Judiciário.

Nesse contexto, o § 1º do mencionado art. 733 do novo Código de Processo Civil estabelece expressamente que a "escritura não depende de homologação judicial e constitui título hábil para qualquer ato de registro, bem como para levantamento de importância depositada em instituições financeiras", o que desburocratiza e facilita a reconstrução da vida de quem experimentou a ruptura de um vínculo afetivo tão importante.

Não apenas as instituições financeiras – no que toca à liberação de valores – mas também entes públicos – a exemplo do Detran – e até mesmo cartórios – especialmente os de registro imobiliário –, precisarão ter especial atenção em face desta norma, que, em verdade, já poderia ser inferida do próprio sistema anterior ao novo CPC, para permitir a transmissibilidade de bens e valores.

Por fim, registre-se que, na forma do § 2º do mesmo art. 733 do novo CPC[54], a assistência de advogados (ou defensor público) é obrigatória para

---

[52] Sobre o tema do nascituro, confira-se o Tópico 1.3 ("O nascituro") do Capítulo IV ("Pessoa Natural") do Vol. 1 ("Parte Geral") do nosso *Novo Curso de Direito Civil*.

[53] Fundamentando tal afirmação, estabelece o art. 698 do novo CPC que "nas ações de família, o Ministério Público somente intervirá quando houver interesse de incapaz e deverá ser ouvido previamente à homologação de acordo" (equivalente ao art. 82, I, do Código de Processo Civil de 1973). Embora não haja menção ao nascituro, a intervenção do Ministério Público, em tal caso, é de indiscutível importância.

[54] "§ 2º O tabelião somente lavrará a escritura se os interessados estiverem assistidos por advogado ou por defensor público, cuja qualificação e assinatura constarão do ato notarial."

a lavratura da escritura, o que se entende como medida de proteção da livre autonomia da vontade das partes interessadas.

Saliente-se que esta disciplina processual veio em boa hora, uma vez que, considerando a falta de uniformidade na interpretação das regras da Lei n. 11.441/2007, tanto no divórcio extrajudicial (ou administrativo) quanto na "separação consensual", e no inventário/partilha, o Conselho Nacional de Justiça editou a Resolução n. 35, de 24 de abril de 2007, que disciplina a aplicação do novo diploma pelos serviços notariais e de registro, o que consideramos medida salutar para a busca de uma efetiva segurança e estabilidade das relações jurídicas[55].

No âmbito dos divórcios consensuais administrativos, disciplinados pela Lei n. 11.441/2007, entendíamos que os tabeliães precisariam ficar atentos ao novo sistema, pois não mais deveriam lavrar escrituras públicas de separação, mantendo-se, obviamente, pelas razões expostas, aquelas já formalizadas antes do advento da Emenda[56].

---

[55] Dada a importância da matéria, colacionamos, em um anexo deste livro, o inteiro teor da Resolução n. 35/2007, ao qual remetemos o leitor.

[56] Registre-se que, tratando-se de "brasileiros, são competentes as autoridades consulares brasileiras para lhes celebrar o casamento e os mais atos de Registro Civil e de tabelionato, inclusive o registro de nascimento e de óbito dos filhos de brasileiro ou brasileira nascido no país da sede do Consulado", o que também se estende para o divórcio, na forma do art. 18 da Lei de Introdução às Normas do Direito Brasileiro:

"Art. 18. Tratando-se de brasileiros, são competentes as autoridades consulares brasileiras para lhes celebrar o casamento e os mais atos de Registro Civil e de tabelionato, inclusive o registro de nascimento e de óbito dos filhos de brasileiro ou brasileira nascido no país da sede do Consulado." [*Redação dada pela Lei n. 3.238, de 1º-8-1957.*]

Registre-se que a Lei n. 12.874, de 29 de outubro 2013 inseriu dois parágrafos no referido art. 18, com o seguinte teor:

"§ 1º As autoridades consulares brasileiras também poderão celebrar a separação consensual e o divórcio consensual de brasileiros, não havendo filhos menores ou incapazes do casal e observados os requisitos legais quanto aos prazos, devendo constar da respectiva escritura pública as disposições relativas à descrição e à partilha dos bens comuns e à pensão alimentícia e, ainda, ao acordo quanto à retomada pelo cônjuge de seu nome de solteiro ou à manutenção do nome adotado quando se deu o casamento.

§ 2º É indispensável a assistência de advogado, devidamente constituído, que se dará mediante a subscrição de petição, juntamente com ambas as partes, ou com apenas uma delas, caso a outra constitua advogado próprio, não se fazendo necessário que a assinatura do advogado conste da escritura pública."

A referida norma tem, evidentemente, uma importante finalidade, que é reconhecer a possibilidade de celebração do "divórcio extrajudicial" pelas autoridades consulares brasileiras.

Sobre o tema, confira-se, ainda, o art. 75 do Decreto n. 9.199, de 20 de novembro de 2017, que regulamenta a Lei n. 13.445, de 24 de maio de 2017 (que institui a Lei de Migração):

Faculta-se, outrossim, lavrarem atos de conversão de separação em divórcio, nos termos da mencionada Resolução n. 35 do Conselho Nacional de Justiça:

"Art. 52. A Lei n. 11.441/2007 permite, na forma extrajudicial, tanto o divórcio direto como a conversão da separação em divórcio. Neste caso, é dispensável a apresentação de certidão atualizada do processo judicial, bastando a certidão da averbação da separação no assento de casamento".

Posto isso, passemos a analisar, nos próximos capítulos, o divórcio judicial.

"Art. 75. Caberá alteração do Registro Nacional Migratório, por meio de requerimento do imigrante endereçado à Polícia Federal, devidamente instruído com as provas documentais necessárias, nas seguintes hipóteses:
(...)
III – anulação e nulidade de casamento, divórcio, separação judicial e dissolução de união estável; (...)".

Capítulo VII

O Divórcio Judicial

1. CONSIDERAÇÕES INICIAIS SOBRE O DIVÓRCIO JUDICIAL

Diversos Estados no mundo, senão a maioria, consagram a modalidade judicial de divórcio.

Mesmo naqueles sistemas em que o divórcio administrativo é adotado e até incentivado, a modalidade judicial costuma fazer-se presente.

Conforme já dissemos, na Alemanha, observa REINHARD VOPPEL que, ao lado da morte de um dos cônjuges, o divórcio é o principal motivo – a mais importante razão – para o descasamento[57].

O sistema alemão, para efeito de autorizar o divórcio, consagra o princípio da ruína ou da ruptura da convivência conjugal (*Zerrüttungsprinzip*), cuidando de exigir a verificação objetiva do fracasso do casamento.

Para tanto, vale recordar, a fim de evitar que o Tribunal possa penetrar, em todo caso que se lhe apresentem, na esfera de intimidade do casal, a legislação alemã estabelece duas condições para o divórcio:

a) *o casal estar separado de fato há pelo menos um ano, situação em que deverá haver pedido conjunto dos cônjuges ou, ainda que o pedido seja formulado por apenas um dos consortes, o outro consinta*, ou

b) *estarem os cônjuges separados de fato há, pelo menos, três anos.*

Fora dessas situações, o casal somente poderá divorciar-se se o fracasso da relação for devidamente verificado pelo Tribunal[58].

---

[57] "Neben dem Tod eines Ehegaten ist die Ehescheidung der wichtigste Fall der Auflösung der Ehe" (VOPPEL, Reinhard. *Kommentar*, cit., p. 1090).

[58] Essas informações foram obtidas, em tradução livre, do seguinte original alemão: "Um zu vermeiden, daβ das Gericht in jedem Fall – ggf im Wege einer Beweisaufnahme – in die Interna der Ehe eindringen muβ, wird § 1565 Abs 1 durch zwei unwiderlegliche Vermutungen hinsichtlich des Scheiterns der Ehe ergänzt, nämlich zum einen dann, wenn die Eheleute seit mindestens einem Jahr getrennt leben und beide die Scheidung beantragen bzw der eine Ehe-

Na América Latina, é interessante citar o Código Civil do Peru, que, ao regular as causas do divórcio (art. 349), elenca, entre elas, *a separação de fato por um período de dois ou quatro anos (neste último caso, havendo filhos menores – art. 333, 12)*.

No Brasil, pode ser o divórcio direto (modalidade mais importante e difundida, derivada apenas a separação de fato do casal) ou indireto (modalidade menos usual, decorrente da conversão de anterior sentença de separação transitada em julgado).

Comecemos a nossa análise pelo *divórcio judicial indireto*.

2. ALGUMAS PALAVRAS SOBRE O DIVÓRCIO JUDICIAL INDIRETO

A base constitucional do **instituto** do divórcio judicial indireto estava na redação original do § 6º do art. 226 da Constituição da República:

"O casamento civil pode ser dissolvido pelo divórcio, *após prévia separação judicial por mais de um ano nos casos expressos em lei*, ou comprovada separação de fato por mais de dois anos" (grifos nossos).

Em nível infraconstitucional, dispunha o art. 1.580 do Código Civil:

"Art. 1.580. Decorrido um ano do trânsito em julgado da sentença que houver decretado a separação judicial, ou da decisão concessiva da medida cautelar de separação de corpos, qualquer das partes poderá requerer sua conversão em divórcio".

Da sua leitura, concluímos que essa modalidade de divórcio resultava tão somente da conversibilidade de anterior sentença de separação judicial já transitada em julgado.

Transcorrido, portanto, um ano do trânsito em julgado da **sentença de separação** ou da **medida cautelar de separação de corpos**, tornava-se possível o pedido de conversão.

Claro que, diante da inexistência atual de prazo para o divórcio, pouco sentido fará a ideia de exigência de requisitos temporais para a conversão de separação.

---

gatte dem Antrag des anderen zustimmt (§ 1566 Abs 1), zum anderen dann, wenn die Eheleute seit mindestens drei Jahren getrennt leben (§ 1565 Abs 2). Liegen diese Voraussetzungen nicht vor, kann die Ehe nur geschieden werden, wenn das Scheitern positiv festgestellt worden ist" (VOPPEL, Reinhard. *Kommentar*, cit., p. 1091).

Assim, ainda que acreditemos não justificar a subsistência da separação judicial no nosso ordenamento jurídico, o fato é que o Superior Tribunal de Justiça a reconhece. Esse fato, porém, não importa dizer que quem tenha se separado judicialmente precise esperar o antigo prazo para conversão, uma vez que, para o ajuizamento do divórcio, não há qualquer lapso temporal a aguardar.

Compreendida a figura do divórcio judicial indireto, passemos a analisar a figura do divórcio judicial direto.

3. SOBRE O DIVÓRCIO JUDICIAL DIRETO

Embora já tenhamos tratado do instituto quando dissertamos sobre a concepção histórica do divórcio[59], é recomendável tecermos algumas considerações desta ordem acerca do divórcio direto, dada a sua inegável importância jurídica e relevância social.

Como sabemos, o divórcio só se tornou possível, no Brasil, após a edição da Emenda Constitucional n. 9, seguindo-se-lhe a Lei n. 6.515/77 (Lei do Divórcio).

De acordo com a normatização da época, o divórcio direto consistia em instrumento jurídico excepcional e de pouca aplicação, dada a dificuldade operacional com que fora concebido.

Lembra-nos, nesse ponto, SEBASTIÃO AMORIM e EUCLIDES DE OLIVEIRA:

"Sua introdução no sistema jurídico brasileiro deu-se com a Emenda Constitucional n. 9, de 28 de junho de 1977, que alterou o art. 175 da Constituição Federal de 1969 (Emenda n. 1), rompendo a antiga tradição do casamento indissolúvel. Veio de maneira tímida, possibilitando apenas a conversão em divórcio de separação judicial há mais de três anos, e o divórcio direto para os casos transitórios de separação de fato há mais de cinco anos"[60].

E, de fato, a ampliação eficacial do instituto (que, como visto, já era previsto na legislação infraconstitucional) só se daria após a Constituição

---

[59] Confira-se o Tópico 4 ("Ampliação da possibilidade do divórcio, seja pela conversão da separação judicial, seja pelo seu exercício direto") do Capítulo III ("Concepção Histórica do Divórcio no Brasil") desta obra.
[60] AMORIM, Sebastião; OLIVEIRA, Euclides. *Separação e divórcio*. 5. ed. São Paulo: Leud, 1999, p. 286.

Federal de 1988, que, atenta à mudança de mentalidade dos casais e dos valores da sociedade moderna, passou a admitir o divórcio direto desde que o casal estivesse separado de fato há mais de dois anos (art. 226, § 6º).

Nesse contexto, pois, o divórcio direto – entendido como instrumento dissolutório do vínculo matrimonial independentemente de prévia separação judicial – representaria um inegável avanço no tratamento jurídico das relações afetivas casamentárias, pois permitiu que os integrantes de núcleos matrimoniais desfeitos pudessem mais rapidamente realizar seus novos projetos pessoais, junto a outros companheiros de vida.

Em verdade, o que temos aqui, amigo leitor, é uma inequívoca aplicação do princípio da função social da família; a promoção da dignidade de cada membro integrante do núcleo familiar, bem como a criação da ambiência necessária à realização pessoal e à busca da felicidade de cada indivíduo são também papel da família em qualquer sociedade que alicerce os seus fundamentos no Estado de Direito.

Não é à toa, aliás, que, na práxis do dia a dia, "os divorciandos" – expressão consagrada na praxe forense para caracterizar os requerentes do divórcio – optavam por ingressar diretamente com o pedido de divórcio, pela via judicial ou administrativa, evitando, sempre que possível, o tormentoso e muitas vezes demorado processo anterior de separação judicial.

Na vereda do texto original do § 6º do art. 226 da Constituição Federal, o Código Civil (art. 1.580, § 2º), superando a antiga Lei do Divórcio, estabelecia:

"O divórcio poderá ser requerido, por um ou por ambos os cônjuges, no caso de comprovada separação de fato por mais de dois anos".

Da análise desse dispositivo concluímos, na época, existirem dois pressupostos ou requisitos para a decretação do divórcio direto:

a) casamento válido;

b) separação de fato há mais de dois anos.

O primeiro requisito é de intelecção imediata, uma vez que, padecendo de nulidade absoluta ou relativa, não será caso de se decretar divórcio, mas sim de buscar a invalidade do matrimônio por meio de ação própria.

Já o segundo requisito, de dimensão mais profunda, merecia atenção especial, cuidadosa e detida.

Note-se, de logo, que a exigência da "separação de fato há mais de dois anos", para permitir a dissolução do vínculo, traduz, em verdade, um importante reflexo jurídico do tempo na relação de família.

Efetivamente, o tempo é um fato jurídico natural de enorme importância nas relações jurídicas travadas na sociedade, já que tem grandes repercussões no nascimento, exercício e extinção de direitos.

O decurso de certo lapso temporal no exercício de determinadas faculdades jurídicas pode ser, por exemplo, o fato gerador da aquisição de direitos, como na usucapião, em que a posse mansa e pacífica – ainda que sem boa-fé – possibilita a aquisição da propriedade móvel ou imóvel[61].

Além disso, o tempo tem força modificativa, a exemplo do que ocorre na teoria das capacidades. Com o passar dos anos, modificamos a nossa situação jurídica individual: partimos da *absoluta incapacidade para a prática dos atos da vida civil* (abaixo dos 16 anos), avançamos para a fase intermediária da *incapacidade relativa* (entre 16 e 18 anos[62]), e, finalmente, obtemos a *plena capacidade civil ao atingirmos a maioridade* (18 anos[63]).

Da mesma forma, para poder exercer determinados direitos, a lei condiciona o seu exercício ao transcurso de um período de tempo, como era o caso ora estudado do divórcio, em que o ajuizamento da ação constitutiva negativa teria como requisito necessário, para seu êxito, justamente o passar inexorável do tempo, a partir do qual se poderia exercer, a qualquer momento, o direito potestativo, como se verificava no art. 1.580.

A parte final da assertiva anterior, por seu turno, deve ser devidamente compreendida: embora, para a decretação do divórcio direto, fosse exigida a separação fática do casal há mais de dois anos, o direito potestativo de pedir o divórcio não tinha, nem tem, prazo para seu exercício.

Vale dizer, a qualquer tempo, eu podia pedir o divórcio em face da minha esposa, mas, para que o juiz pudesse acolher o pedido independentemente de prévia separação judicial anterior (divórcio direto), era necessário que restasse demonstrada a separação de fato há mais de dois anos.

Nesse ponto, contudo, uma importante pergunta deve ser feita: **o que se entendia por separação de fato por mais de dois anos?**

O Código Civil de Portugal, em seu art. 1.782, dispõe acerca do que se deve entender por separação de fato:

---

[61] A usucapião, conjunção dos fatores "posse", "tempo" e "*animus domini*", é tratada na Parte Especial do Código Civil. Conhecida também, inclusive, como *prescrição aquisitiva*, é analisada com mais minúcias no tomo VI do nosso *Novo curso de direito civil*, dedicado aos "Direitos reais".
[62] No CC-16, maior de 16 e menor de 21 anos.
[63] No CC-16, 21 anos.

"(Separação de facto)
1. Entende-se que há separação de facto, para os efeitos da alínea a) do artigo anterior, quando não existe comunhão de vida entre os cônjuges e há da parte de ambos, ou de um deles, o propósito de não a restabelecer".

O Código Civil alemão, por seu turno, no § 1.567, também cuida de definir o conceito de "vidas separadas", para efeito de se poder decretar o divórcio.

Na linha da norma germânica, considera-se o casal separado, para o fim de se contar o tempo para o divórcio, se, entre eles, não se mantém mais a comunidade doméstica e um cônjuge reconhecidamente não mais pretender constituir a vida conjugal. Também estará desfeita a vida em comum se os cônjuges não viverem mais no mesmo domicílio conjugal[64].

A nossa legislação, finalmente, afastando-se dos sistemas anteriores, não tratou de estabelecer parâmetro de balizamento hermenêutico com o objetivo de traçar o sentido da expressão "separação de fato", pois, no § 2º do mencionado art. 1.580, simplesmente dispôs ser possível o pedido de divórcio direto se o casal se encontra "separado de fato há mais de dois anos".

Disse pouco o legislador brasileiro.

E fez bem em assim agir.

É labor da doutrina e da jurisprudência, acompanhando a multifária e mutável tábua de valores vigente na sociedade, segundo cada época em que o Judiciário é chamado a atuar, delinear o alcance da dicção normativa reguladora da separação de fato do casal, para efeito de se permitir o divórcio.

Nesse ponto, sem pretendermos apresentar uma fórmula absoluta, pois a fluidez do conceito (de separação de fato) é compreensivelmente justificada pelos diversos tons, matizes e tessituras que cada casamento apresenta na vida social, temos que não se deve considerar separado de fato o casal apenas quando não mantenham mais contato físico, residindo em casas separadas.

Não.

Em nosso sentir, o conceito de separação de fato, na vereda do que dispõe o § 1.567 do Código alemão, compreenderia não apenas a ruptura

---

[64] No original alemão: "§ 1.567 Getrenntleben. (1) Die Ehegatten leben getrennt, wenn zwischen ihnen keine häusliche Gemeinschaft besteht und ein Ehegatte sie erkennbar nicht herstellen will, weil er die eheliche Lebensgemeinschaft ablehnt. Die häusliche Gemeinschaft besteht auch dann nicht mehr, wenn die Ehegatten innerhalb der ehelichen Wohnung getrennt leben".

da vida em comum no mesmo domicílio conjugal, mas também a própria ruína da vida doméstica, ainda que os cônjuges residam no mesmo imóvel.

Não vemos sentido em tentar ver uma diferença – inexistente – entre a separação de fato propriamente dita, quando os cônjuges já residem em casas separadas, e a ruptura da vida em comum, caso em que ainda moram juntos mas as suas vidas emocionais se encontram completamente distantes.

Separação de fato, pois, em nosso pensar, abrangeria ambas as situações, a fim de se poder permitir o divórcio.

Por isso que, nesse ponto, não concordamos com o culto ROLF MADALENO, quando escreve:

"A condição para o divórcio direto judicial ou extrajudicial, pois as fontes legais são as mesmas (art. 226, § 6º, da CF e § 2º do art. 1.580 do CC), é a existência de comprovada separação de fato por mais de dois anos, não sendo suficiente a mera separação de leitos, pela qual os cônjuges seguem coabitando sob o mesmo domicílio em cômodos diferentes"[65].

Na linha do nosso raciocínio, portanto, separação de fato compreenderia também a separação de leitos referida pelo autor, em que os consortes ainda moram sob o mesmo teto mas o vínculo de afeto que os unia já não existe.

Aliás, amigo leitor, quantos casais existem, ainda hoje, em nosso Brasil, em que ele, o marido, mora na sala, e ela, a esposa, reside no quarto, mal se cumprimentando quando se cruzam, pela manhã, para irem ao trabalho?

Ora, seria justo e razoável negar existir uma separação fática de suas vidas, embora ainda oficialmente casados?

Por que negar a via do divórcio direto, em uma situação como esta, simplesmente pelo fato de o marido ou a esposa não dispor de condição econômica suficiente para sair de casa?

Justamente por essa circunstância é que também aplaudimos a nova disciplina normativa do divórcio, que abstrai esses elementos imprecisos, atribuindo tão somente à autonomia da vontade a prerrogativa do exercício do divórcio.

Na perspectiva eudemonista do conceito de família, e atentos ao princípio da função social, concluímos que a separação de fato exigida pela lei deveria, simplesmente, traduzir a falência da sociedade conjugal, independentemente da residência em casas separadas.

---

[65] MADALENO, Rolf. *Curso*, cit., p. 342.

Pois bem.

Diante de todo o exposto é forçoso convir que o único fundamento para a decretação do divórcio direto era a separação de fato há mais de dois anos (quer o procedimento judicial fosse consensual, quer fosse litigioso).

A aferição desse tempo de separação de fato e a sua prova em juízo também mereciam algumas cuidadosas considerações.

Breves encontros ou períodos de tempo em que o casal permaneceu junto ao longo desse prazo[66] não são suficientes para impedir o reconhecimento da separação de fato e a falência da vida conjugal se não tiver havido efetiva reconciliação.

E essa prova da separação de fato poderia ser feita em juízo por meio de testemunha.

"Poderia", a nosso ver, não significa que "deveria".

Se o juiz se convencesse, por outros meios de prova, de já se haver consumado o prazo exigido por lei, a oitiva da testemunha é, cremos, dispensável.

Aliás, vamos mais além.

Defendemos que, não havendo aspectos relevantes a serem investigados, especialmente aqueles que tocam interesses superiores como os atinentes aos direitos de filhos menores ou incapazes, essa oitiva é desnecessária, afigurando-se suficiente a própria declaração do casal, firmada perante o juiz e sob as penas da lei, de que estão separados de fato há mais de dois anos.

Afinal, apenas a eles interessa o divórcio, e a exigência do depoimento de uma testemunha – o amigo de longa data ou o padrinho do casamento – resulta, não raramente, numa fantasiosa – e muitas vezes teatral – manifestação confirmatória do fim de um sentimento já reafirmado pelo próprio casal[67].

---

[66] É o que socialmente conhecemos como "recaídas" ou *flashbacks*. Tais encontros esporádicos, sem caracterizarem efetiva reconciliação, não ilidem o reconhecimento do decurso de tempo necessário para o divórcio. O Código alemão, nesse aspecto, é preciso: "§ 1.567 (2) Ein Zusammenleben uber kürzere Zeit, das der Versöhnung der Ehegatten dienen soll, unterbricht oder hemmt die in § 1566 bestimmten Fristen nicht" (Viver junto por um curto período de tempo com a intenção de se reconciliar não interrompe ou suspende os prazos previstos no art. 1.566 – tradução livre de Pablo Stolze Gagliano). O nosso Código, por seu turno, nada dispõe a respeito.

[67] Ao longo do exercício da sua judicatura, o coautor Pablo Stolze Gagliano deparou-se com uma situação inusitada, que bem demonstra e confirma a assertiva *supra*. Certa feita, antes mesmo de se instalar uma audiência de divórcio e serem apregoadas as partes, uma testemunha, pessoa simplória, pediu licença, sentou-se perante o magistrado, e após cumprimentá-lo, simplesmen-

Todas essas considerações, porém, acabam tendo uma finalidade meramente histórica, uma vez que a Emenda Constitucional n. 66 efetivamente aboliu o requisito temporal, devendo ser interpretado que o único requisito efetivo para a concessão do divórcio é a livre manifestação da vontade de um dos cônjuges.

E tudo o mais a se discutir, judicial ou extrajudicialmente, será relacionado a aspectos acessórios do fim da entidade familiar, em que, muitas vezes, podem ser constatadas resistências e controvérsias que ensejam um divórcio judicial litigioso.

---

te asseverou: "Mais de dois anos, doutor". O juiz, então, retrucou candidamente: "A senhora, pelo menos, aguarde o início da audiência, por gentileza". E a testemunha, demonstrando nítido estado de inocência, não satisfeita, disparou: "Mas doutor, eu vim aqui dizer dois anos, afinal, eles não se gostam mais...".

Fundamento do Divórcio Judicial Litigioso

1. O SENTIDO DO DIVÓRCIO JUDICIAL LITIGIOSO COM A NOVA DISCIPLINA NORMATIVA DO DIVÓRCIO

Com o reconhecimento do divórcio como o exercício de um direito potestativo, ainda cabe falar em divórcio judicial litigioso?

A pergunta faz sentido.

Se não há mais a necessidade de causas objetivas ou subjetivas para o ato de se divorciar, qual seria a resistência oponível pelo outro cônjuge, a ponto de constituir em uma lide?

À questão, porém, se responde de forma simples.

A atuação judicial em divórcio litigioso será para as hipóteses em que os divorciandos não se acertam quanto aos efeitos jurídicos da separação, qual seja, a título exemplificativo, a guarda dos filhos, alimentos, uso do nome e divisão do patrimônio familiar.

É claro que, realizando audiência, o juiz também terá a oportunidade de certificar a manifestação da vontade das partes, valendo-se, também, da ideia de conservação da família para verificar se não há a possibilidade de reconciliação.

Fora tais questões, qualquer outra discussão sobre culpa no término da relação conjugal está fora dos limites da lide.

E como se deu essa derrocada da culpa no divórcio (e na revogada separação judicial)?

É o que mostraremos no próximo tópico.

2. CONSIDERAÇÕES SOBRE A DERROCADA DA CULPA NO DIVÓRCIO

A aferição da culpa no divórcio e na separação judicial sempre foi vista como um elemento delicado a ser enfrentado.

Pelo que até aqui dissemos resta claro que, se o único fundamento para a decretação do divórcio é a falência afetiva da relação, afigura-se inteiramente desnecessária a análise da culpa.

Consoante já anotamos ao longo de toda esta obra, a tendência observada no moderno Direito de Família tem sido, tanto quanto possível, o banimento da exigência da culpa[68] para o fim de se extraírem determinados efeitos jurídicos pessoais ou patrimoniais, como a definição da guarda dos filhos ou a fixação dos alimentos, seja na separação judicial, seja no divórcio[69].

Na doutrina, ensina NAMIR SAMOUR:

"Na esteira da mais avançada doutrina do direito brasileiro, outra não poderia ser a conclusão senão a de que não há mais qualquer sentido em se tentar buscar a existência de um culpado pelo fim do casamento (obviamente o mesmo serve para a união estável). Em princípio, é necessário que se reconheça que a ideia de culpa pelo fim do matrimônio é resultado da influência exercida pela Igreja Católica em nosso direito, o que se fortalece nesse caso pelo fato de ser o casamento também uma instituição eclesiástica. Não obstante, não se pode, então, olvidar da contradição que está inserida nessa influência, já que a concepção contratual de casamento adotada pela Igreja concede mais importância à vontade dos cônjuges em casar-se (em detrimento da participação do Estado no casamento), mas a desconsidera quando o assunto é a separação, permeando a dissolução do vínculo com a marca da culpa. Além da necessidade de que se conclua pelo abandono da influência da Igreja no que diz respeito à separação e o divórcio, é necessário que haja um foco diverso ao tratar essa situação. Nesse sentido, é preciso que se enfatize a ideia da separação em razão do fracasso conjugal e não porque um dos cônjuges ou ambos é/são culpados. Com efeito, essa noção vem sendo bem difundida pela doutrina e aceita por parte da jurisprudência, restando alguns de nossos dispositivos legais, principalmente do Código Civil de 2002, desatualizados e em descompasso com o modelo de família previsto pela Constituição da República de 1988"[70].

---

[68] Sobre o banimento da culpa do moderno Direito de Família, recomendamos a obra *O fim da culpa na separação judicial*, de Leonardo Barreto Moreira Alves (Belo Horizonte: Ed. Del Rey, 2007).

[69] Sobre os efeitos decorrentes da separação e do divórcio (alimentos, guarda de filhos, uso do nome), confiram-se os Capítulos X ("Guarda de Filhos no Divórcio"), XI ("Uso do Nome no Divórcio") e XII ("Alimentos no Divórcio").

[70] NAMUR, Samir. A irrelevância da culpa para o fim do casamento. *Revista da Faculdade de Direito de Campos*, ano VII, n. 08, 2006. Disponível em: <http://www.fdc.br/Arquivos/Mestrado/Revistas/Revista08/Discente/Samir.pdf>. Acesso em 20-12-2009.

Na mesma linha, FERNANDO SARTORI:

"Diante da possibilidade de o divórcio ser decretado sem prévia separação judicial, exigindo-se como requisito apenas a constatação de um fato objetivo – a separação de fato por mais de dois anos –, não existe mais razão para apurar a eventual conduta culposa praticada pelos cônjuges para se decretar a separação judicial. Acresça-se, ainda, o fato de o casamento não ser mais considerado a única forma de entidade familiar reconhecida pelo ordenamento jurídico, o que acarreta a perda do interesse por parte do Estado em querer preservá-lo e, quando isso não for possível, punir o responsável por seu término. Diante dos valores constitucionais, a manutenção da família, seja ela fundada no casamento ou na união estável, só se justifica quando as pessoas encontrarem nela a felicidade, a sua realização pessoal. Não bastasse, a apuração da culpa como causa da separação agride o princípio da dignidade da pessoa humana. Não pode o Estado exigir que os cônjuges discutam sua vida íntima em juízo num processo cujo fim é certo"[71].

E essa tendência tem sido observada em outros Estados no mundo.

Em Portugal, por exemplo, o art. 1.782, em seu item 2, dispunha que *na ação de divórcio com fundamento na separação de fato, o juiz deveria declarar a culpa dos cônjuges, quando houvesse.* Sucede que esse dispositivo se quedou revogado pela Lei n. 61, de 31 de outubro de 2008.

Na jurisprudência, confiram-se os seguintes julgados:

SEPARAÇÃO JUDICIAL LITIGIOSA. CULPA. Já se encontra sedimentado o entendimento de que a caracterização da culpa na separação mostra-se descabida, porquanto seu reconhecimento não implica em nenhuma sequela de ordem prática. Precedentes desta Corte. ALIMENTOS. Não faz jus a alimentos a mulher que tem qualificação profissional, está inserida no mercado de trabalho há mais de vinte anos e ainda dispõe de condições de incrementar sua renda mensal, tendo em vista o reduzido horário de trabalho – apenas quatro horas diárias. PARTILHA DE BENS. Indevida a determinação de partilha de bens na razão de 50% para cada um dos consortes sem que antes seja realizada a avaliação do patrimônio e oportunizada às partes a formulação de pedido de quinhão. Deve-se evitar ao máximo o indesejado condomínio. Apelo parcialmente provido. Divórcio decretado (Ap. Cív. 70021725817, TJRS, 7ª Câm. Cív., Rel. Maria Berenice Dias, j. em 23-4-2008 – segredo de justiça).

---

[71] SARTORI, Fernando. *A culpa como causa da separação e os seus efeitos.* Disponível em: <http://www.flaviotartuce.adv.br/secoes/artigosc.asp>. Acesso em 20-12-2009.

AÇÃO DE DIVÓRCIO CUMULADA COM ALIMENTOS. BINÔMIO NECESSIDADE E POSSIBILIDADE CORRETAMENTE AFERIDO. DECISÃO CORRETA, NA FORMA E NO CONTEÚDO, QUE, INTEGRALMENTE, SE MANTÉM. O objeto da obrigação alimentícia depende não só das necessidades de quem recebe, mas também dos recursos de quem presta (art. 1.694, § 1º, do CC de 2002). Em se tratando de divórcio direto ou separação consensual, onde não cabe perquirição de culpa, os alimentos serão fixados com fiel observância do binômio possibilidade-necessidade, descabendo qualquer outra averiguação já que visa a sobrevivência do beneficiário. Improvimento dos recursos (Ap. Cív. 2009.001.47997, TJRJ, 1ª Câm. Cív., Rel. Des. Maldonado de Carvalho, j. em 27-10-2009).

Entretanto, precisamos destacar que, a despeito dos sólidos argumentos expendidos para efeito de demonstrar o descabimento da discussão da culpa, em sede de separação ou de divórcio, a jurisprudência brasileira não era pacífica, e, no próprio Superior Tribunal de Justiça, encontramos referência dissonante:

SEPARAÇÃO E DIVÓRCIO. PROVA INÚTIL E QUE FERE O DIREITO À PRIVACIDADE PREVISTO NA CONSTITUIÇÃO. SEGURANÇA CONCEDIDA.

1. O direito líquido e certo a que alude o art. 5º, inciso LXIX, da Constituição Federal deve ser entendido como aquele cuja existência e delimitação são passíveis de demonstração de imediato, aferível sem a necessidade de dilação probatória.

2. A culpa pela separação judicial influi na fixação dos alimentos em desfavor do culpado. Na hipótese de o cônjuge apontado como culpado ser o prestador de alimentos, desnecessária a realização de provas que firam seu direito à intimidade e privacidade, porquanto a pensão não será aferida em razão da medida de sua culpabilidade (pensão não é pena), mas pela possibilidade que tem de prestar associada à necessidade de receber do alimentando.

3. Recurso ordinário provido (RMS 28.336/SP, 4ª T., Rel. Min. João Otávio de Noronha, j. em 24-3-2009, *DJe* de 6-4-2009).

Por conta disso, não temos a menor dúvida em afirmar que se afigura mais adequada, justa e razoável a linha de pensamento que proscreve da seara familiarista a discussão do elemento subjetivo (culpa ou dolo), ainda que parcela firme da jurisprudência brasileira, interpretando as normas até há pouco em vigor, aduza a necessidade de sua discussão com o fito de se fixarem determinados efeitos colaterais decorrentes do casamento: fixação dos alimentos e uso do nome.

Para aqueles que exigiam a análise da culpa, segundo uma equivocada interpretação literal do Código Civil, lançamos um desafio: **é possível afirmar que a culpa é exclusivamente de um dos cônjuges quando o amor acaba? Não seria demais exigir do juiz que, imiscuindo-se no fundo da intimidade do casal, diga quem detém o cálice do mel da inocência e a taça amarga da culpa?**

Tarefa hercúlea, senão impossível.

Vale dizer, **não há mais espaço para falar em "causas subjetivas ou objetivas" do divórcio litigioso,** como veremos abaixo.

É muito antigo esse tipo de classificação.

Já escrevia sobre o tema o grande Yussef Said Cahali:

"Em confronto com o sistema tradicional do revogado art. 317 do CC, a Lei do Divórcio inovou substancialmente o direito brasileiro, em matéria de causas que autorizam o término da sociedade conjugal. Assim, de um lado, manteve a separação decretada como sanção às infrações de deveres conjugais fiel ao sistema do divórcio-sanção. Ao mesmo tempo, aumentou as causas de separação sem o pressuposto da culpa, pois, inspirado no direito alienígena, ampliou os casos de dissolução da sociedade conjugal como remédio para certas situações familiares, sem indagar se houve responsável ou culpado pelas mesmas"[72].

O Código Civil de 2002, por seu turno, manteve linha semelhante, ao consagrar causas de separação litigiosa baseadas na culpa (arts. 1.572, *caput*, e 1.573, incisos e parágrafo único) e baseadas em situações objetivas, alheias à vontade das partes (§§ 1º a 3º do art. 1.572):

Separação baseada em causas subjetivas ou culposas:

"Art. 1.572. Qualquer dos cônjuges poderá propor a ação de separação judicial, imputando ao outro qualquer ato que importe grave violação dos deveres do casamento e torne insuportável a vida em comum.

Art. 1.573. Podem caracterizar a impossibilidade da comunhão de vida a ocorrência de algum dos seguintes motivos:

I – adultério;

II – tentativa de morte;

---

[72] CAHALI, Yussef Said. *Divórcio e separação*, cit., p. 318.

III – sevícia ou injúria grave;
IV – abandono voluntário do lar conjugal, durante um ano contínuo;
V – condenação por crime infamante;
VI – conduta desonrosa.
Parágrafo único. O juiz poderá considerar outros fatos que tornem evidente a impossibilidade da vida em comum".

Separação baseada em causas objetivas (ruptura da vida em comum ou doença mental):

"§ 1º A separação judicial pode também ser pedida se um dos cônjuges provar ruptura da vida em comum há mais de um ano e a impossibilidade de sua reconstituição.

§ 2º O cônjuge pode ainda pedir a separação judicial quando o outro estiver acometido de doença mental grave, manifestada após o casamento, que torne impossível a continuação da vida em comum, desde que, após uma duração de dois anos, a enfermidade tenha sido reconhecida de cura improvável".

Já havia, nos meios acadêmicos, e, bem assim, como visto, em parte da doutrina e jurisprudência brasileiras, forte resistência a esse sistema, que, a par de consagrar situações culposas para o reconhecimento do fim da sociedade conjugal, ainda cuidava de regular hipóteses de dissolução completamente em desuso em nosso Direito – acometimento de doença mental e ruptura da vida em comum – por conta da opção pelo divórcio direto, cujo fundamento único, até há bem pouco tempo, como se sabe, era a separação de fato há mais de dois anos.

Obviamente que, com o fim do instituto da separação, desapareceriam também tais causas objetivas e subjetivas para a dissolução da sociedade conjugal.

E já vão tarde...

Afinal, conforme anotamos ao longo deste trabalho, não cabe ao juiz buscar razões para o fim de um matrimônio.

Se o afeto acabou, esse motivo é, por si só, suficiente.

Especialmente no que tange ao banimento da culpa, escreveu ÉZIO PEREIRA:

"Retornando ao raciocínio: encontrar, entrementes, um culpado afronta princípios constitucionais, tais como: a privacidade (do lar já em ruínas), a intimidade, a liberdade, o respeito à diferença, a solidariedade, a proibição do retrocesso social, a afetividade, culminando por atingir a própria dignidade da pessoa humana, valor fundante, superprincípio e diretriz interpretativa de toda a ordem jurídica. Assim é que, quando o Estado invade (intervenção invasiva, não protetiva) o aconchego da intimidade do lar para bisbilhotar quem foi o 'culpado' (e existe um culpado? Sob a ótica de quem?) da quebra do convívio, estar-se-ia permitindo uma interferência estatal completamente inconstitucional. Decerto, o 'adultério', por exemplo, elencado no Código Civil como 'causa' de separação, não é causa em si; é efeito de um relacionamento em ruínas; é sinal de que a relação não vai bem e o desrespeito e a deslealdade entram de mansinho, mas já batiam à porta insistentemente. O rancor toma o lugar do amor em recíprocas acusações, mas há de se fazer *mea culpa*. Sob esse viés, a Constituição Federal não autoriza terceiro – incluindo o Estado – a invadir, sem a devida permissão, a esfera da intimidade de um ou de ambos os cônjuges, de maneira que não se pode conceber a ideia de um dispositivo legal obrigar a um dos cônjuges a expor a vida do outro em Juízo, numa execração pública, para que terceiro desinteressado meça a conveniência da extinção do vínculo afetivo, seja de que modalidade for. Impor essa condição para a dissolução judicial esbarra em preceitos garantísticos de estatura constitucional. E, afinal, de quem, verdadeiramente, é a culpa? Soa despropositado o ônus de provar a conduta culposa de seu consorte com o intuito de obter 'êxito' (êxito?) na dissolução do vínculo afetivo. Pensar assim estar-se-ia maculando, à obviedade, a dignidade do outro. Em algumas situações, a separação não é um mal; é um bem. Atualmente o Estado não tem mais o interesse de manter o casamento vivo a qualquer preço e em detrimento da dignidade humana"[73].

Na mesma linha, PAULO LÔBO pontifica, com propriedade:

"Frise-se que o direito brasileiro atual está a demonstrar que a culpa na separação conjugal gradativamente perdeu as consequências jurídicas que provocava: a guarda dos filhos não pode mais ser negada ao culpado pela separação, pois o melhor interesse deles é quem dita a escolha judicial; a partilha dos bens independe da culpa de qualquer dos cônjuges; os alimentos devidos aos filhos não são calculados em razão da culpa de seus pais e até mesmo o cônjuge culpado tem direito a alimentos 'indispensáveis à subsistência'; a dissolução da união estável independe de culpa do compa-

---

[73] PEREIRA, Ézio Luiz. A dissolução do casamento e "culpa". Uma abordagem axiológica da garantia constitucional da "felicidade humana" (art. 3º, IV, da CF). *Jus Navigandi*, Teresina, ano 13, n. 1.955, 7 nov. 2008. Disponível em: <http://jus2.uol.com.br/doutrina/texto.asp?id=11938>. Acesso em: 25-12-2009.

nheiro[74]. A culpa permanecerá em seu âmbito próprio: o das hipóteses de anulabilidade do casamento, tais como os vícios de vontade aplicáveis ao casamento, a saber, a coação e o erro essencial sobre a pessoa do outro cônjuge. A existência de culpa de um dos cônjuges pela anulação do casamento leva à perda das vantagens havidas do cônjuge inocente e ao cumprimento das promessas feitas no pacto antenupcial (art. 1.564 do Código Civil)"[75].

Compreendido o novo divórcio litigioso, bem como a derrocada da culpa como elemento fundamentador, pretende-se, nos próximos capítulos, passar em revista os efeitos colaterais do "novo divórcio" em relação à guarda de filhos, alimentos e uso do nome.

Afirma-se, porém, desde já, que, como vimos, *o único fundamento para a decretação do divórcio no Brasil passou a ser o fim do afeto, não se exigindo mais causa específica alguma ou tempo mínimo de separação de fato para deferimento do pedido.*

Com isso, deixa de ser necessária aquela (quase sempre) teatral audiência para "oitiva de testemunha" comprobatória da separação de fato há mais de dois anos.

Reafirma-se, ainda, o fim da discussão da culpa no descasamento, inclusive para fixação de efeitos colaterais do divórcio, como a guarda de filhos, o uso do nome e os alimentos.

Voltemos os nossos olhos, portanto, para cada um desses efeitos, separadamente.

Antes disso, porém, teçamos, no próximo capítulo, alguns comentários acerca da separação de corpos.

---

[74] LÔBO, Paulo. *Direito civil*: famílias. 2. ed. São Paulo: Saraiva, 2009, p. 140.

[75] LÔBO, Paulo Luiz Netto. *Divórcio*: alteração constitucional e suas consequências. Disponível em: <http://www.ibdfam.org.br/?artigos&artigo=570>. Acesso em: 22-12-2009.

A Separação de Corpos após a Nova Disciplina do Divórcio

1. REFLEXÕES INTRODUTÓRIAS

Um importante ponto a ser suscitado diz respeito à conhecida e usual medida cautelar de separação de corpos.

Com a aprovação da Emenda, bem como a extinção do processo cautelar como modalidade autônoma, questiona-se: **a separação de corpos deixaria de existir?**

Sobre essa medida cautelar, o seu objetivo é a suspensão do dever conjugal de coabitação. Por isso, é dotada de ambivalência: tanto pode servir para que um dos cônjuges obtenha autorização para saída do lar conjugal como para determinar que um deles, coercitivamente, se retire.

Para respondermos adequadamente a essa pergunta, a fim de chegarmos à conclusão quanto à mantença ou não da separação de corpos em nosso sistema, precisamos passar em revista o que entendemos por **dever de coabitação**.

2. ALGUMAS CONSIDERAÇÕES SOBRE O DEVER CONJUGAL DE COABITAÇÃO

Observa ORLANDO GOMES que "a coabitação representa mais do que a simples convivência sob o mesmo teto", traduzindo, sobretudo, a "união carnal"[76].

Refletindo sobre esse aspecto, pensamos que a própria noção de "convivência sob o mesmo teto" é relativa, pois diversas razões – inclusive a autonomia da vontade do casal, na perspectiva do princípio da intervenção mínima do Direito de Família – poderão determinar residência em casas separadas.

---

[76] GOMES, Orlando. *Direito de família*. 11. ed. Rio de Janeiro: Forense, 1999, p. 134.

Não é incomum, aliás, que, por motivo de trabalho, os cônjuges residam em casas, cidades ou até Estados diferentes – e quem sabe países –, sem que isso traduza violação a um dever jurídico que os obrigue a viver na mesma casa. Esse não é o espírito da norma.

O que o legislador pretende, em nosso sentir, é, preservando a necessária comunhão de vida – pedra de toque do casamento –, vedar que um cônjuge abandone a esfera de convivência com o outro, passando a residir em local diverso, sem motivo justificado e contra a vontade do seu consorte.

Nesse caso, o abandono, por traduzir descumprimento de dever conjugal, resultava, inclusive, no passado recente, em ação judicial de separação ou divórcio[77], como anota ROLF MADALENO:

"O cônjuge que abandona imotivadamente o lar rompe de fato com suas obrigações matrimoniais e débito conjugal. Dissolve no mundo dos fatos o consórcio nupcial, e permite o imediato ingresso do processo judicial por quebra de obrigação marital, ou se preferir, pode iniciar a contagem oficial do tempo de dois anos de fática separação necessários para o ajuizamento do divórcio direto"[78].

Nessa linha, vale lembrar que, havendo motivos graves – por exemplo violência física, ameaça, tortura, maus-tratos –, como medida preparatória ou incidental ao processo de divórcio, ainda é possível ao cônjuge prejudicado intentar pedido de **separação de corpos**, visando a obter ordem judicial que determine a saída do seu consorte do domicílio conjugal ou a autorização oficial para a saída do próprio requerente, a depender das circunstâncias do caso, conforme explicaremos com minúcia logo abaixo.

3. O DÉBITO CONJUGAL

Tradicionalmente, diz-se que a coabitação compreende ainda o "débito conjugal" (*debitum conjugale*), ou seja, o dever de manter relações sexuais com o parceiro.

---

[77] Com o reconhecimento do divórcio como o exercício de um direito potestativo, não mais cabe perquirir as causas da intenção de se divorciar, motivo pelo qual o abandono, na espécie, poderia se constituir, em tese, respaldo para uma pretensão de reparação civil.
[78] MADALENO, Rolf. *Curso*, cit., p. 155.

Também no dizer de Maria Helena Diniz, "a coabitação é o estado de pessoas de sexo diferente [ou do mesmo sexo – Res. CNJ n. 175/2013] que vivem juntas na mesma casa, convivendo sexualmente"[79].

Barros Monteiro, por sua vez, conclui:

"Carvalho Santos aplaude esse ponto de vista, asseverando que o dever de convivência não atinge a sua plenitude com a simples morada debaixo do mesmo teto, sendo ainda necessária alguma coisa mais: a satisfação do *debitum conjugale*, cuja recusa injustificada poderá constituir causa de separação judicial"[80].

Berenice Dias, perfilhando outra linha de intelecção, critica com vigor o pensamento tradicional:

"Essa interpretação infringe até o princípio constitucional do respeito à dignidade da pessoa e o direito à liberdade e à privacidade, além de afrontar o direito à inviolabilidade do próprio corpo. Não existe sequer a obrigação de se submeter a um beijo, afago ou carícia, quanto mais a se sujeitar a práticas sexuais pelo simples fato de estar casado"[81].

Em se adotando esta última posição, uma pergunta se impõe: **não sendo um dever imposto aos cônjuges, qual seria a natureza do *debitum conjugale*?**

Note-se que, se, por um lado, soa um tanto desagradável encartar como "obrigação" o ato supremo do amor sexual, por outro, não se pode simplesmente relegá-lo ao limbo do "vácuo jurídico", sem a necessária busca do seu enquadramento epistemológico.

Nesse diapasão, entendemos que, embora existam situações em que o casal não está obrigado a relações sexuais (por decisão conjunta, razões biológicas, convicções religiosas, enfim), afora essas justificadas hipóteses, a cópula é, em geral, sem nenhuma sombra de dúvida, um especial dever jurídico decorrente do casamento.

Isso porque nem todos os deveres jurídicos são iguais!

Daremos um exemplo com a teoria do contrato, para, em seguida, retornarmos ao Direito de Família.

---

[79] DINIZ, Maria Helena. *Curso de direito civil brasileiro*: direito de família. 32. ed. São Paulo: Saraiva, 2018, v. 5, p. 148.

[80] MONTEIRO, Washington de Barros. *Curso de direito civil*: direito de família. 35. ed. São Paulo: Saraiva, 1999, p. 120.

[81] DIAS, Maria Berenice. *Amor proibido*. Disponível em: <http://www.mariaberenice.com.br/manager/arq/(cod2_766)5__amor_proibido1.pdf>. Acesso em: 3-5-2018.

Não podemos, por exemplo, considerar ter a mesma estrutura ôntica o dever principal de um contrato (de dar, fazer ou não fazer) e aquele que decorre da cláusula geral de boa-fé, como o dever anexo de assistência ou de lealdade entre os contratantes.

O descumprimento deles não implica o desencadeamento do mesmo mecanismo sancionatório, porquanto uma execução específica mediante estabelecimento de multa cominatória poderá ser possível para o primeiro, mas não para o segundo. E, apesar disso, ninguém cometerá o desatino de afirmar que não se trata de "deveres jurídicos".

Dentro, pois, da técnica noção de "dever jurídico" – prestação dotada de intrínseca coercibilidade, segundo a filosofia do Direito – não se podem reputar idênticas todas as obrigações previstas ou reguladas pelo direito positivo brasileiro.

Muito bem.

Como decorrência do casamento, portanto, a comunhão sexual traduz, inegável, um especial dever, e, exatamente por isso, o seu descumprimento – embora não justifique violência física ou execução pessoal (como os deveres personalíssimos em geral) – poderá resultar em consequências jurídicas ao infrator, justificando-se, no passado, a separação judicial ou o divórcio (respaldo, hoje, desnecessário, haja vista o reconhecimento deste último como o exercício de um direito potestativo), ou, até mesmo, a depender das circunstâncias da sua origem, a invalidade do casamento:

APELAÇÃO. ANULAÇÃO DE CASAMENTO. ERRO ESSENCIAL EM RELAÇÃO À PESSOA DO CÔNJUGE. OCORRÊNCIA.
A existência de relacionamento sexual entre cônjuges é normal no casamento. É o esperado, o previsível. O sexo dentro do casamento faz parte dos usos e costumes tradicionais em nossa sociedade. Quem casa tem uma lícita, legítima e justa expectativa de que, após o casamento, manterá conjunção carnal com o cônjuge. Quando o outro cônjuge não tem e nunca teve intenção de manter conjunção carnal após o casamento, mas não informa e nem exterioriza essa intenção antes da celebração do matrimônio, ocorre uma desarrazoada frustração de uma legítima expectativa. O fato de que o cônjuge desconhecia completamente que, após o casamento, não obteria do outro cônjuge anuência para realização de conjunção carnal demonstra a ocorrência de erro essencial. E isso autoriza a anulação do casamento. Deram provimento (Ap. Cív. 70016807315, TJRS, 8ª Câm. Cív., Rel. Rui Portanova, j. em 23-11-2006 – segredo de justiça).

E, se assim não o for, caso não se admita o *debitum conjugale* como um dever, se a esposa ou o marido se recusar, sem razão plausível, ao encontro sexual, que solução seria dada?

Nenhuma consequência jurídica haveria?

Logicamente, deverá haver uma resposta do Direito, como acima se demonstrou. Até porque ninguém defenderá um celibato forçado ou a busca de um amante como resposta para essa dolorosa e frustrante abstenção[82].

---

[82] Refletindo poeticamente sobre a natureza do débito conjugal, escreveu um dos autores desta obra:

"Débito Conjugal
Rodolfo Pamplona Filho

Cansei de pedir
e você não me dar...
Não consigo mais
me humilhar e mendigar
por algo que também
deveria nos trazer prazer,
mas que soa como
um favor feito por você!

Isto não é um capricho
ou mera concupiscência:
é necessidade física como
comer, beber e dormir,
mas há uma diferença abissal
entre vinho e camarão
e refrigerante e feijão...

Sexo não é solução de problemas,
nem paliativo para superar discussões;
não é instrumento para chantagem,
nem mero extravasar de emoções...
É consequência natural
de uma relação bem ajustada,
em que proporcionar satisfação
flui livre e da forma desejada.

Você sabe o que quero...
Você sabe o que quero fazer...
Você sabe o que quero para fazer...
E tudo apenas para ser feliz...

Pois bem.

Feitas tais importantes considerações, fica fácil responder à questão suscitada, acerca da subsistência ou não da separação de corpos no vigente ordenamento jurídico.

4. A SUBSISTÊNCIA JURÍDICA DA SEPARAÇÃO DE CORPOS

A despeito da extinção (efetiva ou potencial) do instituto da separação, **a coabitação permanece em nosso sistema como um especial dever jurídico decorrente do casamento (art. 1.566, II, do CC)**.

Assim, é forçoso convir que situações haverá em que o cônjuge terá inequívoco interesse jurídico em intentar a medida para obter uma ordem judicial de retirada do outro do domicílio conjugal (ou, se for o caso, uma autorização de saída do próprio autor), suspendendo esse específico efeito decorrente do matrimônio (vida em comum no domicílio conjugal).

Nesse sentido, mesmo não havendo mais previsão legal específica de uma cautelar nominada de separação de corpos no novo CPC[83], é lógico que uma medida que vise à suspensão do dever de coabitar, havendo fundada razão, não poderia desaparecer de nosso sistema.

Sem prejuízo de eventual tutela inibitória, vale destacar, apenas a título exemplificativo, as previsões dos arts. 22, II, e 23, IV, da Lei Maria da Penha (Lei n. 11.340/2006):

Então, por que insiste nesta postura,
que não mais funciona nesta altura
e abre ferida que não cura,
marcando-me com uma cicatriz...

Débito conjugal
Dever especial
Greve sexual
Conflito sem final

Salvador, 22 de agosto de 2010"
(Disponível em: <http://rodolfopamplonafilho.blogspot.com.br/2010/08/debito-conjugal.html>).
[83] Faça-se a ressalva da previsão do art. 189 do novo CPC, que estabelece:
"Art. 189. Os atos processuais são públicos, todavia tramitam em segredo de justiça os processos:
(...)
II – que versem sobre casamento, separação de corpos, divórcio, separação, união estável, filiação, alimentos e guarda de crianças e adolescentes;"

"Seção II

Das Medidas Protetivas de Urgência que Obrigam o Agressor

Art. 22. Constatada a prática de violência doméstica e familiar contra a mulher, nos termos desta Lei, o juiz poderá aplicar, de imediato, ao agressor, em conjunto ou separadamente, as seguintes medidas protetivas de urgência, entre outras:

I – suspensão da posse ou restrição do porte de armas, com comunicação ao órgão competente, nos termos da Lei n. 10.826, de 22 de dezembro de 2003;

II – **afastamento do lar, domicílio ou local de convivência com a ofendida**;

III – proibição de determinadas condutas, entre as quais:

a) aproximação da ofendida, de seus familiares e das testemunhas, fixando o limite mínimo de distância entre estes e o agressor;

b) contato com a ofendida, seus familiares e testemunhas por qualquer meio de comunicação;

c) frequentação de determinados lugares a fim de preservar a integridade física e psicológica da ofendida;

IV – restrição ou suspensão de visitas aos dependentes menores, ouvida a equipe de atendimento multidisciplinar ou serviço similar;

V – prestação de alimentos provisionais ou provisórios.

§ 1º As medidas referidas neste artigo não impedem a aplicação de outras previstas na legislação em vigor, sempre que a segurança da ofendida ou as circunstâncias o exigirem, devendo a providência ser comunicada ao Ministério Público.

§ 2º Na hipótese de aplicação do inciso I, encontrando-se o agressor nas condições mencionadas no *caput* e incisos do art. 6º da Lei n. 10.826, de 22 de dezembro de 2003, o juiz comunicará ao respectivo órgão, corporação ou instituição as medidas protetivas de urgência concedidas e determinará a restrição do porte de armas, ficando o superior imediato do agressor responsável pelo cumprimento da determinação judicial, sob pena de incorrer nos crimes de prevaricação ou de desobediência, conforme o caso.

§ 3º Para garantir a efetividade das medidas protetivas de urgência, poderá o juiz requisitar, a qualquer momento, auxílio da força policial.

§ 4º Aplica-se às hipóteses previstas neste artigo, no que couber, o disposto no *caput* e nos §§ 5º e 6º do art. 461 da Lei n. 5.869, de 11 de janeiro de 1973 (Código de Processo Civil).

Seção III
Das Medidas Protetivas de Urgência à Ofendida

Art. 23. Poderá o juiz, quando necessário, sem prejuízo de outras medidas:

I – encaminhar a ofendida e seus dependentes a programa oficial ou comunitário de proteção ou de atendimento;

II – determinar a recondução da ofendida e a de seus dependentes ao respectivo domicílio, após afastamento do agressor;

III – determinar o afastamento da ofendida do lar, sem prejuízo dos direitos relativos a bens, guarda dos filhos e alimentos;

IV – **determinar a separação de corpos.**"

(Grifos nossos)

Tratando da matéria ainda na vigência do Código de Processo Civil de 1973, observaram os amigos FREDIE DIDIER JR. e RAFAEL OLIVEIRA:

"Outra medida típica prevista é o afastamento do agressor do lar, domicílio ou local de convivência com a ofendida (art. 22, II), ou mesmo o afastamento da própria ofendida, sem prejuízo dos direitos relativos a bens, guarda dos filhos e alimentos (art. 23, III). Trata-se de medidas que muito se aproximam daquela prevista no art. 888, VI, do CPC, onde se admite o afastamento temporário de um dos cônjuges da morada do casal. Ressalte-se, porém, que as medidas ora apontadas podem ser utilizadas qualquer que seja a relação íntima de afeto — seja o casamento, a união estável ou mesmo a união homoafetiva (art. 5º, p. único). Após o afastamento do agressor, admite-se que o juiz determine a recondução da ofendida e a de seus dependentes ao respectivo domicílio ou local de convivência (art. 23, II).

Importante discutir se existe diferença entre as medidas aludidas no parágrafo anterior e a separação de corpos de que fala o art. 23, VI. Ao se referir a elas, a Lei Maria da Penha reacende antiga discussão.

Com efeito, muito já se discutiu se a medida prevista no art. 888, VI, do CPC, de que se falou linhas atrás, guardava identidade com a 'separação de corpos' de que falava o art. 223 do Código Civil de 1916 e de que ainda hoje falam o art. 7º, §1º, da Lei Federal n. 6.515/77 (Lei do Divórcio) e o art. 1.562 do Código Civil vigente. 'Em outras palavras, a separação de corpos constitui providência de natureza diversa, inconfundível com o afastamento temporário prescrito no inciso VI do art. 888?' Contextualizando melhor a pergunta: a separação de corpos, prevista no art. 23, VI, constitui providência de natureza diversa, inconfundível com o afastamento do agressor previsto no art. 22, II, ou com o afastamento da ofendida, previsto no art. 23, III?

Carlos Alberto Alvaro de Oliveira, conquanto analisando a questão num outro cenário (o do art. 888, VI, do CPC), afirma que seriam providências inconfundíveis, na medida em que a separação de corpos teria eficácia meramente jurídica, utilizável para fins de cômputo do prazo para o exercício do direito potestativo ao divórcio, enquanto que a medida provisional do art. 888, VI, do CPC, teria eficácia material, representando o afastamento de fato dos cônjuges.

Esta parece ser a interpretação correta. Não haveria sentido em que a Lei Maria da Penha fizesse previsão, em sedes distintas, de providências com idêntico conteúdo. De fato, a separação de corpos de que trata o art. 23, VI, é medida que tem eficácia meramente jurídica, na medida em desconstitui o vínculo jurídico existente entre o agressor e a ofendida, quando casados, permitindo o início da contagem do prazo para o pedido de divórcio (art. 1.580, CC). Já as medidas de afastamento do agressor (art. 22, II) ou da ofendida (art. 23, III) têm nítida eficácia material, já que visam ao afastamento de fato entre agressor e vítima, com vistas a coibir os atos de violência. Além disso, a determinação judicial impede que se caracterize o abandono de lar. Com isso, a separação de corpos (art. 23, VI) implica separação jurídica, mas não necessariamente separação de fato. Nada impede, obviamente, que tais medidas sejam cumuladas. Não custa lembrar que a separação de corpos ou o afastamento de que ora se trata não substituem a dissolução de união estável, a separação ou o divórcio judiciais ou extrajudiciais"[84].

Note-se, entretanto, estimado leitor, que o descumprimento do dever de coabitação, bem como de qualquer outro dos deveres conjugais previstos no art. 1.566 do Código Civil[85], não mais justificaria a ação principal de separação, pois, em nosso sentir, esta via deixou de existir.

Da mesma forma, não há falar em separação de corpos como requisito essencial para a propositura da ação correspondente, como era na vigência do Código Civil brasileiro de 1916[86].

---

[84] DIDIER JUNIOR, Fredie; OLIVEIRA, Rafael. *Aspectos processuais civis da Lei Maria da Penha* (violência doméstica e familiar contra a mulher). Disponível em: <http://www.egov.ufsc.br/portal/conteudo/aspectos-processuais-civis-da-lei-maria-da-penha-viol%C3%AAnciadom%C3%A9stica-e-familiar-contra-mulh>. Acesso em: 30-3-2015.

[85] "Art. 1.566. São deveres de ambos os cônjuges: I – fidelidade recíproca; II – vida em comum, no domicílio conjugal; III – mútua assistência; IV – sustento, guarda e educação dos filhos; V – respeito e consideração mútuos."

[86] CC-16: "*Art. 223. Antes de mover a ação de nulidade do casamento, a de anulação, ou a de desquite, requererá o autor, com documento que a autorize, a separação de corpos, que será concedida pelo juiz com*

a possível brevidade". A norma equivalente, no Código Civil de 2002, é o art. 1.562 (*Antes de mover a ação de nulidade do casamento, a de anulação, a de separação judicial, a de divórcio direto ou a de dissolução de união estável, poderá requerer a parte, comprovando sua necessidade, a separação de corpos, que será concedida pelo juiz com a possível brevidade*"), que continua válido e vigente, salvo quanto à menção à separação judicial.

Capítulo X

Guarda de Filhos no Divórcio

Como vimos, a culpa deixou de ser um elemento relevante para o reconhecimento do divórcio.

Isso também gera repercussões nos efeitos colaterais do término do vínculo conjugal.

Assim, entendemos que a culpa deixou de ser referência, também, no âmbito da fixação da guarda de filhos.

Aliás, após a promulgação da Constituição de 1988, esta linha de raciocínio já vinha sendo adotada.

No que toca aos filhos, sentido nenhum há em determinar a guarda em favor de um suposto "inocente" no fim do enlace conjugal.

Mesmo aqueles que perfilhavam a linha de pensamento de relevância da culpa no desenlace conjugal reconheciam o total descabimento da análise da culpa com o propósito de determinar a guarda de filhos ou a partilha dos bens. Isso porque, no primeiro caso, interessa, tão somente, a busca do interesse existencial da criança ou do adolescente, pouco importando quem fora o "culpado" na separação ou no divórcio, e, no segundo, porque a divisão patrimonial se opera mediante a aplicação das normas do regime adotado, independentemente de quem haja sido o responsável pelo fim da união.

Vale dizer, se não há razão fundada no resguardo do interesse existencial da criança ou do adolescente, o cônjuge que apresentar melhores condições morais e psicológicas poderá deter a sua guarda, independentemente da aferição da culpa no fim da relação conjugal. Claro está, todavia, que o deferimento dessa guarda unilateral só será possível depois de esgotada a tentativa de implementação da guarda compartilhada.

Num caso ou noutro, vale lembrar, o elemento "culpa" não é vetor determinante para o deferimento da guarda[87].

---

[87] O Direito brasileiro, explicitamente, só regulou a guarda unilateral e a compartilhada. Mas isso não quer dizer, por óbvio, que os outros tipos não possam ser fixados, segundo o interesse

Já cuidamos de mencionar que, para efeito da fixação da guarda de filhos, há de se levar em conta **o interesse existencial da prole**, e não a suposta responsabilidade daquele que teria dado causa ao fim do casamento. Assim, imagine-se que o sujeito não tenha sido um bom marido. Enamorou-se por outra no curso do matrimônio. Mas sempre se comportou como um pai exemplar, não permitindo que seus filhos experimentassem influência perniciosa.

---

da criança. No Código Civil, a matéria, atualmente, encontra-se assim regulada: *Art. 1.583. A guarda será unilateral ou compartilhada.* (Redação dada pela Lei n. 11.698, de 2008.) *§ 1º Compreende-se por guarda unilateral a atribuída a um só dos genitores ou a alguém que o substitua (art. 1.584, § 5º) e, por guarda compartilhada a responsabilização conjunta e o exercício de direitos e deveres do pai e da mãe que não vivam sob o mesmo teto, concernentes ao poder familiar dos filhos comuns.* (Incluído pela Lei n. 11.698, de 2008.) *§ 2º A guarda unilateral será atribuída ao genitor que revele melhores condições para exercê-la e, objetivamente, mais aptidão para propiciar aos filhos os seguintes fatores:* (Incluído pela Lei n. 11.698, de 2008.) *I – afeto nas relações com o genitor e com o grupo familiar;* (Incluído pela Lei n. 11.698, de 2008.) *II – saúde e segurança;* (Incluído pela Lei n. 11.698, de 2008.) *III – educação.* (Incluído pela Lei n. 11.698, de 2008.) *§ 3º A guarda unilateral obriga o pai ou a mãe que não a detenha a supervisionar os interesses dos filhos.* (Incluído pela Lei n. 11.698, de 2008). *§ 4º* (Vetado). (Incluído pela Lei n. 11.698, de 2008.) *Art. 1.584. A guarda, unilateral ou compartilhada, poderá ser:* (Redação dada pela Lei n. 11.698, de 2008.) *I – requerida, por consenso, pelo pai e pela mãe, ou por qualquer deles, em ação autônoma de separação, de divórcio, de dissolução de união estável ou em medida cautelar;* (Incluído pela Lei n. 11.698, de 2008.) *II – decretada pelo juiz, em atenção a necessidades específicas do filho, ou em razão da distribuição de tempo necessário ao convívio deste com o pai e com a mãe.* (Incluído pela Lei n. 11.698, de 2008.) *§ 1º Na audiência de conciliação, o juiz informará ao pai e à mãe o significado da guarda compartilhada, a sua importância, a similitude de deveres e direitos atribuídos aos genitores e as sanções pelo descumprimento de suas cláusulas.* (Incluído pela Lei n. 11.698, de 2008.) *§ 2º Quando não houver acordo entre a mãe e o pai quanto à guarda do filho, será aplicada, sempre que possível, a guarda compartilhada.* (Incluído pela Lei n. 11.698, de 2008.) *§ 3º Para estabelecer as atribuições do pai e da mãe e os períodos de convivência sob guarda compartilhada, o juiz, de ofício ou a requerimento do Ministério Público, poderá basear-se em orientação técnico-profissional ou de equipe interdisciplinar.* (Incluído pela Lei n. 11.698, de 2008.) *§ 4º A alteração não autorizada ou o descumprimento imotivado de cláusula de guarda, unilateral ou compartilhada, poderá implicar a redução de prerrogativas atribuídas ao seu detentor, inclusive quanto ao número de horas de convivência com o filho.* (Incluído pela Lei n. 11.698, de 2008.) *§ 5º Se o juiz verificar que o filho não deve permanecer sob a guarda do pai ou da mãe, deferirá a guarda à pessoa que revele compatibilidade com a natureza da medida, considerados, de preferência, o grau de parentesco e as relações de afinidade e afetividade.* (Incluído pela Lei n. 11.698, de 2008.) *Art. 1.585. Em sede de medida cautelar de separação de corpos, aplica-se quanto à guarda dos filhos as disposições do artigo antecedente. Art. 1.586. Havendo motivos graves, poderá o juiz, em qualquer caso, a bem dos filhos, regular de maneira diferente da estabelecida nos artigos antecedentes a situação deles para com os pais. Art. 1.587. No caso de inva-lidade do casamento, havendo filhos comuns, observar-se-á o disposto nos arts. 1.584 e 1.586. Art. 1.588. O pai ou a mãe que contrair novas núpcias não perde o direito de ter consigo os filhos, que só lhe poderão ser retirados por mandado judicial, provado que não são tratados convenientemente. Art. 1.589. O pai ou a mãe, em cuja guarda não estejam os filhos, poderá visitá-los e tê-los em sua companhia, segundo o que acordar com o outro cônjuge, ou for fixado pelo juiz, bem como fiscalizar sua manutenção e educação. Art. 1.590. As disposições relativas à guarda e prestação de alimentos aos filhos menores estendem-se aos maiores incapazes.*

Ora, se no curso do processo judicial em que se discute a guarda dos filhos – e isso, claro, pode ser analisado, sim, em procedimento de divórcio, desde que haja sido cumulado pedido nesse sentido – ficar demonstrado que o genitor tem melhores condições para o exercício da guarda, poderá ele obter o deferimento dela.

No divórcio administrativo, como sabemos, não há espaço para esse tipo de discussão, pois, havendo filhos menores ou incapazes, torna-se obrigatório o processo judicial, com a imprescindível intervenção do Ministério Público[88].

Assim, volvendo a nossa atenção para os processos judiciais, não é demais lembrar que, em petições de divórcio, a alegação de culpa para efeito de fixação de guarda somente tem sentido se o comportamento atacado interferir na esfera existencial dos filhos.

Dessa forma, se a referida alegação repercutir apenas na esfera jurídica do cônjuge supostamente "inocente" em nada deverá interferir na decisão do juiz.

Esse é o melhor entendimento.

Embora não seja objeto deste trabalho análise mais detida das espécies de guarda, para efeito de arrematar com mais completude o nosso pensamento, lembramos a existência, em nosso sistema, de quatro modalidades:

a) Guarda unilateral ou exclusiva – é ainda a modalidade mais comum e difundida no Brasil, em que um dos pais detém exclusivamente a guarda, cabendo ao outro direito de visitas. O filho passa a morar no mesmo domicílio do seu guardião.

b) Guarda alternada – modalidade comumente confundida com a compartilhada, mas que tem características próprias. Quando fixada, o pai e a mãe revezam períodos exclusivos de guarda, cabendo ao outro direito de visitas. Exemplo: de 1º de janeiro a 30 de abril a mãe exercerá com exclusividade a guarda, cabendo ao pai o direito de visitas, incluindo o de ter o filho em finais de semanas alternados; de 1º e maio a 31 de agosto, inverte-se, e assim segue sucessivamente. Note-se que há uma alternância na exclusividade da guarda, e o tempo de seu exercício dependerá da decisão judicial. Não é uma boa modalidade, na prática, sob o prisma do interesse dos filhos.

---

[88] Em verdade, se os direitos do filho menor ou incapaz já se encontram resguardados (por meio de anterior sentença que regulou guarda e alimentos, por exemplo), e o casal, em cartório, pretende apenas a decretação do divórcio consensual, é discutível essa vedação.

c) Nidação ou aninhamento – espécie pouco comum em nossa jurisprudência, mas ocorrente em países europeus. Para evitar que a criança fique indo de uma casa para outra (da casa do pai para a casa da mãe, segundo o regime de visitas), ela permanece no mesmo domicílio em que vivia o casal, enquanto casados, e os pais se revezam na companhia dela. Vale dizer, o pai e a mãe, já separados, moram em casas diferentes, mas a criança permanece no mesmo lar, revezando-se os pais em sua companhia, segundo a decisão judicial. Tipo de guarda pouco comum, sobretudo porque os envolvidos devem ser ricos ou financeiramente fortes. Afinal, precisarão manter, além das suas residências, aquela em que os filhos moram. Haja disposição econômica para tanto!

d) Guarda compartilhada[89] ou conjunta – modalidade preferível e preferida[90] em nosso sistema, de inegáveis vantagens, mormente sob o prisma da repercussão psicológica na prole, se comparada a qualquer das outras. Nesse tipo de guarda, não há exclusividade em seu exercício. Tanto o pai quanto a mãe detêm-na e são corresponsáveis pela condução da vida dos filhos. O próprio legislador a diferencia da modalidade unilateral: "Art. 1.583, § 1º: Compreende-se por guarda unilateral a atribuída a um só dos genitores ou a alguém que o substitua (art. 1.584, § 5º) e, por guarda compartilhada, a responsabilização conjunta e o exercício de direitos e deveres do pai e da mãe que não vivam sob o mesmo teto, concernentes ao poder familiar dos filhos comuns"[91].

---

[89] Sobre "guarda compartilhada", confira-se, no "Canal Pamplona" no YouTube, o episódio do "Papeando com Pamplona", em entrevista realizada com Paulo Luiz Netto Lôbo e Fabíola Albuquerque Lôbo. Disponível em: <https://www.youtube.com/watch?v=dHFosgvol6k&list=PLRz8jhdmNsMQRENmjZgKW-NWg4iP5fF3f>. Acesso em: 24-4-2018.

[90] Estabelece o § 2º do art. 1.584 do vigente Código Civil brasileiro (com a redação dada pela Lei n. 13.058, de 2014):

"§ 2º Quando não houver acordo entre a mãe e o pai quanto à guarda do filho, encontrando-se ambos os genitores aptos a exercer o poder familiar, será aplicada a guarda compartilhada, salvo se um dos genitores declarar ao magistrado que não deseja a guarda do menor".

Este dispositivo é causa de acentuada polêmica. Se o casal não tem o mínimo diálogo, afigurando-se impossível compartilhar a palavra, muito mais difícil será compartilhar as decisões atinentes à guarda dos filhos. Sobre o tema, confira-se o Capítulo XXIV ("Guarda de Filhos") do Volume 6 ("Direito de Família") do nosso *Novo Curso de Direito Civil*.

[91] Ao menos em tese, essa modalidade de guarda, sem dúvida, é a que mais atende à perspectiva de pleno desenvolvimento dos filhos. Mediante uma responsabilidade conjunta dos pais, as potencialidades dos filhos serão sempre mais bem desenvolvidas. Neste ponto, invocamos Giselda Hironaka: "A responsabilidade dos pais consiste principalmente em dar oportunidade ao desenvolvimento dos filhos, consiste principalmente em ajudá-los na construção da própria liberdade. Trata-se de uma inversão total, portanto, da ideia antiga e maximamente patriarcal de pátrio poder. Aqui, a compreensão baseada no conhecimento racional da natureza dos integran-

Leonardo Moreira Alves discorre sobre esse tipo de guarda, observando as suas vantagens:

"Como é cediço, inúmeros são os efeitos traumáticos provocados pela dissolução do casamento/união estável no desenvolvimento psíquico dos filhos menores, e um deles, notadamente, é a perda de contato frequente com um dos seus genitores. Nesse sentido, verifica-se que a guarda compartilhada pretende evitar esse indesejado distanciamento, incentivando, ao máximo, a manutenção dos laços afetivos entre os envolvidos acima referidos, afinal de contas pai (gênero) não perde essa condição após o fim do relacionamento amoroso mantido com o outro genitor (gênero) do seu filho, nos termos do art. 1.632 do Código Civil. Nesse contexto, impende esclarecer que a guarda compartilhada não pode jamais ser confundida com a chamada *guarda alternada*: esta, não recomendável, eis que tutela apenas os interesses dos pais, implica em exercício unilateral do poder familiar por período determinado, promovendo uma verdadeira divisão do menor, que convive, por exemplo, 15 (quinze) dias unicamente com o pai e outros 15 (quinze) dias unicamente com a mãe; aquela, por sua vez, altamente recomendável, eis que tutela os interesses do menor, consiste no exercício simultâneo do poder familiar, incentivando a manutenção do vínculo afetivo do menor com o genitor com quem ele não reside. Sobre a minoração dos efeitos da dissolução do casamento/união estável dos pais com a maior participação dos mesmos na vida dos seus filhos através da guarda compartilhada, assevera Paulo Lôbo: *A guarda compartilhada é caracterizada pela manutenção responsável e solidária dos direitos-deveres inerentes ao poder familiar, minimizando-se os efeitos da separação dos pais. Assim, preferencialmente, os pais permanecem com as mesmas divisões de tarefas que mantinham quando conviviam, acompanhando conjuntamente a formação e o desenvolvimento do filho. Nesse sentido, na medida das possibilidades de cada um, devem participar das atividades de estudos, de esporte e de lazer do filho. O ponto mais importante é a convivência compartilhada, pois o filho deve sentir-se 'em casa' tanto na residência de um quanto na do outro. Em algumas experiências bem-sucedidas de guarda compartilhada, mantêm-se quartos e objetos pessoais do filho em ambas as residências, ainda quando seus pais tenham constituído novas famílias* (LÔBO, 2008, p. 176). De outro lado, a guarda compartilhada também possui o importante efeito de impedir a ocorrência do Fenômeno da Aliena-

---

tes de uma família quer dizer que não há mais fundamento na prática da coisificação familiar" (HIRONAKA, Giselda Maria Fernandes Novaes, Responsabilidade civil na relação paterno--filial. *Jus Navigandi*, Teresina, ano 7, n. 66, jun. 2003. Disponível em: <http://jus2.uol.com.br/doutrina/texto.asp?id=4192>. Acesso em: 12-1-2010).

ção Parental e a consequente *Síndrome da Alienação Parental* (...), já que, em sendo o poder familiar exercido conjuntamente, não há que se falar em utilização do menor por um dos genitores como instrumento de chantagem e vingança contra o genitor que não convive com o mesmo, situação típica da guarda unilateral ou exclusiva. Com efeito, essas são justamente as duas grandes vantagens da guarda compartilhada: o incremento da convivência do menor com ambos os genitores, não obstante o fim do relacionamento amoroso entre aqueles, e a diminuição dos riscos de ocorrência da Alienação Parental. Desse modo, constata-se que, em verdade, a guarda compartilhada tem como objetivo final a concretização do *princípio do melhor interesse do menor* (princípio garantidor da efetivação dos direitos fundamentais da criança e do adolescente, tratando-se de uma franca materialização da *teoria da proteção integral* – art. 227 da Constituição Federal e art. 1º do Estatuto da Criança e do Adolescente), pois é medida que deve ser aplicada sempre e exclusivamente em benefício do filho menor"[92].

Finalmente, é bom que se diga que, não importando se o divórcio for judicial ou administrativo, litigioso ou consensual, permanece em vigor, sem sombra de dúvida, mesmo após a promulgação da Emenda, o quanto dispõe o art. 1.579 do Código Civil:

"Art. 1.579. O divórcio não modificará os direitos e deveres dos pais em relação aos filhos.

Parágrafo único. Novo casamento de qualquer dos pais, ou de ambos, não poderá importar restrições aos direitos e deveres previstos neste artigo".

Isso porque, como lembram CRISTIANO CHAVES, NELSON ROSENVALD e FERNANDA LEÃO BARRETTO:

"A nova tábua axiológica de valores inaugurada pela atual Constituição consagra a *filiação como um direito de todos os filhos*, independentemente do modo de concepção ou da natureza da relação que os vincula aos pais (CF, art. 227), e que se desatrela indelevelmente da permanência ou durabilidade do núcleo familiar"[93].

---

[92] ALVES, Leonardo Barreto Moreira. A guarda compartilhada e a Lei n. 11.698/08. *Jus Navigandi*, Teresina, ano 13, n. 2.106, 7 abr. 2009. Disponível em: <http://jus2.uol.com.br/doutrina/texto.asp?id=12592>. Acesso em: 27-12-2009.

[93] CHAVES, Cristiano; ROSENVALD, Nelson; BARRETTO, Fernanda Carvalho Leão. In: *Código das famílias comentado*. Coord. Leonardo Barreto Moreira Alves. Comentário ao art. 1.579. Belo Horizonte: Del Rey, 2010, p. 181.

Aliás, a relevância jurídica e a carga cogente dos direitos das crianças e dos adolescentes já haviam sido observadas por LUIZ EDSON FACHIN:

"A vida jurídica da família saiu do âmbito privado; os direitos das crianças e dos adolescentes, por exemplo, passaram a ser lei exigível mesmo contra a vontade dos pais que ainda têm dificuldade em reconhecer que, na educação dos filhos, eles também, diariamente, têm muito a aprender. Além disso, à liberdade conquistada falta, muitas vezes, o senso da responsabilidade e do limite"[94].

Parece-nos, sem dúvida, a melhor compreensão sobre o tema.

---

[94] FACHIN, Luiz Edson. *A família fora de lugar*. Disponível em: <http://www.ibdfam.org.br/?artigos&artigo=487>. Acesso em 12-1-2010.

Capítulo XI

Uso do Nome no Divórcio

E o que dizer quanto ao **uso do nome?**
O art. 1.578 do Código Civil dispõe:

"Art. 1.578. O cônjuge declarado culpado na ação de separação judicial perde o direito de usar o sobrenome do outro, desde que expressamente requerido pelo cônjuge inocente e se a alteração não acarretar:

I – evidente prejuízo para a sua identificação;

II – manifesta distinção entre o seu nome de família e o dos filhos havidos da união dissolvida;

III – dano grave reconhecido na decisão judicial.

§ 1º O cônjuge inocente na ação de separação judicial poderá renunciar, a qualquer momento, ao direito de usar o sobrenome do outro.

§ 2º Nos demais casos caberá a opção pela conservação do nome de casado".

O dispositivo codificado que cuida do uso do nome, no âmbito do divórcio, encontra-se, a nosso ver, fora de contexto.

Topograficamente mal localizado.

Em vez de figurar como um dos parágrafos do art. 1.580, encontra-se inserido no art. 1.571, que traz regras gerais acerca da dissolução da sociedade conjugal:

"§ 2º Dissolvido o casamento pelo divórcio direto ou por conversão, o cônjuge poderá manter o nome de casado; salvo, no segundo caso, dispondo em contrário a sentença de separação judicial".

Ressalvada essa sutil atecnia, precisamos compreender a norma em cotejo com outros dispositivos do próprio Código.

Com o banimento da culpa, em nosso sentir, dos processos de divórcio, entendemos que, tratando-se o nome também de um direito da personalidade[95], a regra geral deve ser a manutenção do nome de casado(a), podendo haver o retorno ao nome de solteiro(a) apenas por manifestação expressa do(a) divorciando(a).

Tal afirmação deve ser compreendida no contexto das hipóteses previstas nos incisos I a III do art. 1.578:

"I – evidente prejuízo para a sua identificação;
II – manifesta distinção entre o seu nome de família e o dos filhos havidos da união dissolvida;
III – dano grave reconhecido na decisão judicial".

O § 1º do referido artigo, por seu turno, ao dispor que "o cônjuge inocente na ação de separação judicial poderá renunciar, a qualquer momento, ao direito de usar o sobrenome do outro", deverá ser interpretado adequadamente, extirpando-se, por tudo o que já dissemos e defendemos ao longo desta obra, o qualificativo "inocente".

Assim, independentemente de quem tenha sido o responsável pelo fim do matrimônio (pois não há que se perquirir a culpa ou a inocência de nenhum dos consortes), a regra deve ser a manutenção do nome, mas qualquer das partes poderá, a todo tempo, optar por retornar ao nome de solteiro, mediante procedimento judicial de modificação de nome civil, a ser conduzido pelo juízo de direito competente para apreciar questões atinentes a alterações em Registros Públicos[96].

A partir da Emenda, portanto, o uso do nome, em nosso sentir, no divórcio, deverá observar as seguintes regras:

a) se o divórcio é consensual (judicial ou administrativo), o acordo firmado deverá regular o respectivo direito;

b) se o divórcio é litigioso, a regra é no sentido de manutenção do nome de casado(a), salvo manifestação em sentido contrário.

Em qualquer dos casos, a culpa não deverá ser critério preponderante na regulação judicial desse direito, podendo qualquer dos cônjuges, mediante procedimento judicial, a todo tempo, retomar o seu nome de solteiro.

---

[95] Sobre "direitos da personalidade", confira-se, no "Canal Pamplona" no YouTube, o episódio do "Papeando com Pamplona", em entrevista realizada com Anderson Schreiber. Disponível em: <https://www.youtube.com/watch?v=p3Y8aTqd-to&list=PLRz8jhdmNsMRhxOh_0beXk--p-RnmBzYzz&index=16>. Acesso em: 30-4-2018.

[96] Registre-se que, na nossa experiência judicante, a manifestação de vontade no sentido do retorno ao nome de solteiro(a) tem sido uma regra, na prática, valendo sempre verificar o esclarecimento dos envolvidos acerca da efetiva possibilidade de mantença do nome usado até então. Por essa razão, adotávamos tal linha de entendimento em edição anterior, até que, após nova reflexão, alteramos nosso posicionamento acadêmico.

Capítulo XII

Alimentos no Divórcio

Entendemos que, se a culpa deixou de ser referência no âmbito da fixação da guarda de filhos, também tende a desaparecer por completo na seara do direito aos alimentos[97].

Com efeito, no que tange aos alimentos, significativa mudança deverá operar-se.

Ora, se não mais existe fundamento para a discussão da culpa em sede de separação e divórcio, as regras do Código Civil atinentes ao pagamento de pensão alimentícia, que levem em conta esse elemento subjetivo, deverão sofrer o impacto da Emenda.

Para que você tenha uma ideia, amigo leitor, vejamos o que dizem os arts. 1.702 e 1.704 do Código Civil brasileiro:

"Art. 1.702. Na separação judicial litigiosa, sendo um dos cônjuges inocente e desprovido de recursos, prestar-lhe-á o outro a pensão alimentícia que o juiz fixar, obedecidos os critérios estabelecidos no art. 1.694.

Art. 1.704. Se um dos cônjuges separados judicialmente vier a necessitar de alimentos, será o outro obrigado a prestá-los mediante pensão a ser fixada pelo juiz, caso não tenha sido declarado culpado na ação de separação judicial.

Parágrafo único. Se o cônjuge declarado culpado vier a necessitar de alimentos, e não tiver parentes em condições de prestá-los, nem aptidão para o trabalho, o outro cônjuge será obrigado a assegurá-los, fixando o juiz o valor indispensável à sobrevivência".

Da simples leitura constatamos não ser preciso muito esforço hermenêutico para chegar à conclusão de que, com o fim da aferição da culpa na

---

[97] Sobre "Solidariedade Familiar", fundamento do tema dos "Alimentos", confira-se, no "Canal Pamplona" no YouTube, o episódio do "Papeando com Pamplona", em entrevista realizada com Roberto Figueiredo e Luciano Figueiredo. Disponível em: <https://www.youtube.com/watch?v=VQcVKpR0VSQ&list=PLRz8jhdmNsMSei01Pck0SMgpnf2YJdCSf>. Acesso em: 30-4-2018.

seara do descasamento, a fixação dos alimentos devidos deverá ser feita com amparo na **necessidade ou vulnerabilidade do credor**, na justa medida das **condições econômicas do devedor**.

Apenas isso.

Para a determinação dos alimentos, portanto, não há mais que se perquirir culpa alguma!

Ideia semelhante já era defendida pela doutrina, consoante podemos ler no Enunciado 133 da I Jornada de Direito Civil:

133 – Proposição sobre o art. 1.702:

Proposta: Alterar o dispositivo para: "Na separação judicial, sendo um dos cônjuges desprovido de recursos, prestar-lhe-á o outro pensão alimentícia nos termos do que houverem acordado ou do que vier a ser fixado judicialmente, obedecidos os critérios do art. 1.694".

Na jurisprudência, o Tribunal de Justiça do Rio Grande do Sul merece referência:

AGRAVO DE INSTRUMENTO. SEPARAÇÃO JUDICIAL. PEDIDO DE EXONERAÇÃO DOS ALIMENTOS PROVISÓRIOS FIXADOS EM FAVOR DA EX-MULHER QUE RECEBE AUXÍLIO-DOENÇA PREVIDENCIÁRIO. POSSIBILIDADE. INEXISTÊNCIA DE NECESSIDADE. A obrigação alimentária vincula-se à cláusula *rebus sic stantibus*, podendo ser revisada sempre que ocorre alteração no binômio possibilidade e necessidade, sendo possível o pleito de redução, majoração ou exoneração de alimentos. *A fixação dos alimentos não está embasada na culpa, mas sim na comprovação da dependência econômica daquele que pede.* Comprovado que a ex-mulher, ao contrário do que declarado na inicial, recebe auxílio-doença previdenciário, com valor correspondente a 1,6 salários mínimos, valor superior ao pensionamento pleiteado, cabível a revogação da liminar que fixou o encargo alimentar, restando a questão submetida à dilação probatória na ação principal. Agravo de instrumento provido (AgI 70029099629, 7ª Câm. Cív., Rel. André Luiz Planella Villarinho, j. em 10-6-2009 – grifos nossos).

APELAÇÃO CÍVEL. FAMÍLIA. SEPARAÇÃO JUDICIAL LITIGIOSA. PRELIMINAR DE DESCONSTITUIÇÃO DA SENTENÇA SUSCITADA PELO MINISTÉRIO PÚBLICO. AFASTAMENTO. *CULPA NA SEPARAÇÃO. DISCUSSÃO INÓCUA, SEM EFEITO PRÁTICO. TÉRMINO DA SOCIEDADE CONJUGAL.* NECESSIDADE DE FIXAÇÃO DA DATA. PARTILHA DE BENS. IMPOSSIBILIDADE DE REALIZAÇÃO NESTES AUTOS, ANTE A AUSÊNCIA

DE PROVA EFETIVA SOBRE O ROL DE BENS E A DATA DE AQUISIÇÃO. ALIMENTOS EM FAVOR DA FILHA DO CASAL. MANUTENÇÃO DO *QUANTUM* JÁ ESTABELECIDO. ALIMENTOS EM FAVOR DA EX-ESPOSA. AUSÊNCIA DE COMPROVAÇÃO ACERCA DA NECESSIDADE. RECURSO DE APELAÇÃO DESPROVIDO, E RECURSO ADESIVO PARCIALMENTE PROVIDO (Ap. Cív. 70023977481, 7ª Câm. Cív., Rel. Ricardo Raupp Ruschel, j. em 15-4-2009 – segredo de justiça; grifos nossos). SEPARAÇÃO JUDICIAL. RECONVENÇÃO. CERCEAMENTO DE DEFESA. ALIMENTOS. CULPA NA SEPARAÇÃO. NOME DE CASADA. HONORÁRIOS ADVOCATÍCIOS. 1. Sendo a separanda mulher jovem, saudável, capaz, apta ao trabalho e empregada, descabe fixar alimentos em favor dela, pois não necessita do amparo do varão para manter-se, valendo gizar que a lei contempla o dever de mútua assistência e não o direito de um cônjuge de ser sustentado pelo outro. 2. Não havendo necessidade da esposa de receber alimentos, descabe promover diligência tendente a verificar a capacidade econômica do cônjuge. 3. *A falência do casamento, pela perda do afeto, justifica plenamente a ruptura, não havendo motivo para se perquirir a culpa, nada justificando manter incólume o casamento quando ele já terminou, de forma inequívoca.* 4. O nome é direito da personalidade e a mulher tem o direito de mantê-lo, salvo quando for culpada pela separação, quando houver pedido expresso do autor e, mesmo assim, quando não lhe causar prejuízo para a própria identificação; é descabido cogitar da perda do nome quando sequer houve pedido nesse sentido na peça exordial. 5. Fica mantida a verba sucumbencial quando a verba de honorários é fixada com moderação, segundo apreciação equitativa do julgador, já que não houve condenação, tratando-se de ação de estado. Recursos desprovidos (Ap. Cív. 70024987299, 7ª Câm. Cív., Rel. Sérgio Fernando de Vasconcellos Chaves, j. em 28-1-2009 – grifos nossos).

Conforme já ressaltamos, se não mais existe fundamento para a discussão da culpa em sede de separação e divórcio, as regras do Código Civil atinentes ao pagamento de pensão alimentícia, que levem em conta esse elemento subjetivo, deverão sofrer o impacto da Emenda.

Não é recomendável, pois, que se fundamente o pleito de alimentos na conduta desonrosa do outro cônjuge ou em qualquer outro ato culposo que traduza violação de deveres conjugais.

O moderno Direito de Família, com o reforço da nova Emenda, aponta no sentido de admitir, como único fundamento para a fixação dos alimentos, a **necessidade do cônjuge (credor)** na justa medida da **capacidade econômica do seu consorte** (devedor).

Assim, ao pretender obter o divórcio, as partes ou os interessados deverão observar as seguintes regras:

a) Se o divórcio é consensual administrativo, o próprio acordo poderá definir os alimentos devidos ao cônjuge necessitado. Lembre-se de que, nos termos do art. 733 do Código de Processo Civil de 2015 (equivalente ao art. 1.124-A do Código de Processo Civil de 1973), não poderá a escritura pública dispor acerca dos alimentos em favor de filhos menores ou incapazes, por se afigurar obrigatória, neste tipo de situação, a via do divórcio judicial.

b) Se o divórcio é consensual judicial, na mesma linha, o acordo definirá os alimentos devidos ao cônjuge necessitado, e, bem assim, se for o caso, aos filhos menores ou incapazes. Neste último caso, a intervenção do Ministério Público é obrigatória.

c) Se o divórcio é litigioso (e obviamente judicial), o juiz poderá fixar os alimentos devidos, no bojo do próprio processo, desde que haja pedido nesse sentido. Lembre-se de que, para efeito de dissolução do vínculo, é suficiente a formulação do pedido de divórcio, uma vez que prazo para tanto não há mais. Entretanto, caso também haja sido cumulado o pedido de alimentos, a sua fixação será feita por decisão judicial, levando-se em conta apenas, como já dito, o binômio **necessidade/capacidade econômica**, sem aferição de culpa de qualquer das partes no fim do casamento.

É digno de nota que, seja qual for a modalidade do divórcio judicial, os alimentos devidos aos filhos é cláusula fundamental, de natureza cogente e matiz de ordem pública.

Nesse ponto, concluímos com a Ministra da Justiça da Alemanha, BRIGITTE ZYPRIES, quando, com lucidez e propriedade, afirma:

"As crianças ficam em primeiro lugar independentemente de qual relacionamento elas vêm, independentemente de virem de um antigo ou atual relacionamento, ou se são ilegítimos ou se vivem em um outro relacionamento fora da família. É indiferente: aquele que tem a obrigação de pagar a pensão pagará para todas as crianças igualmente"[98].

---

[98] "Sie stehen im ersten Rang unabhängig davon, aus welcher Beziehung sie kommen, unabhängig davon, ob sie aus einer ehemaligen oder jetzigen Beziehung kommen, ob sie nichtehelich sind oder in einer anderen Beziehung außerhalb des Familienverbundes leben. Das alles ist völlig egal: Derjenige, der unterhaltsverpflichtet ist, zahlt fur alle Kinder gleichmäßig" ("Neues Unterhaltsrecht – ein Sieg für die Kinder!", Berlin, 9. November 2007. Rede der Bundesministerin der Justiz, Brigitte Zypries MdB, bei der 2./3. Lesung des Gesetzes zur Reform des Unterhaltsrechts am 9. November 2007 im Deutschen Bundestag. Disponível no *site* do Ministério

Por tudo isso, vale salientar que permanece em vigor o regramento da prisão civil decorrente do inadimplemento de pensão alimentícia. Única forma de prisão civil admitida em nosso sistema e de grande utilidade prática e social.

Sobre o tema, já tivemos a oportunidade de escrever, ainda na vigência do Código de Processo Civil de 1973:

"A prisão civil decorrente de inadimplemento voluntário e inescusável de obrigação alimentar, face à importância do interesse em tela (subsistência do alimentando), é, em nosso entendimento, medida das mais salutares, eis que a experiência nos mostra que boa parte dos réus só cumpre a sua obrigação quando ameaçados pela ordem de prisão. Analisando o procedimento de execução de prestação alimentícia previsto no art. 733 do CPC, o ilustrado BARBOSA MOREIRA pontifica: *A imposição da medida coercitiva pressupõe que o devedor, citado, deixe escoar o prazo de três dias sem pagar, nem provar que já o fez, ou que está impossibilitado de fazê-lo (art. 733,* caput*). Omisso o executado em efetuar o pagamento, ou em oferecer escusa que pareça justa ao órgão judicial, este, sem necessidade de requerimento do credor, decretará a prisão do devedor, por tempo não inferior a um nem superior a três meses (art. 733, § 1º, derrogado aqui o art. 19,* caput, fine, *da Lei n. 5.478). Como não se trata de punição, mas de providência destinada a atuar no âmbito do executado, a fim de que realize a prestação, é natural que, se ele pagar o que deve, determine o juiz a suspensão da prisão (art. 733, § 3º), quer já tenha começado a ser cumprida, quer no caso contrário*[99]. Entendemos, ainda quanto à prisão civil aplicada à cobrança de débito alimentar, que a regra consolidada pela jurisprudência[100]

---

da Justiça da Alemanha: <http://www.bmj.bund.de/enid/6bd66d45a56c18db26de7c6c5514d023,bd23be706d635f6964092d0934383234093a095f7472636964092d0935323933/Geschichte/Brigitte_Zypries_zc.html>. Acesso em 9-1-2010, tradução livre de Pablo Stolze Gagliano).

[99] MOREIRA, José Carlos Barbosa. *O novo processo civil brasileiro*. 19. ed. Rio de Janeiro: Forense, 1997, p. 261.

[100] Nesse sentido, confiram-se as seguintes decisões do Superior Tribunal de Justiça:

"HABEAS CORPUS. ALIMENTOS. Se o credor por alimentos tarda em executá-los, a prisão civil só pode ser decretada se as prestações dos últimos três meses deixarem de ser pagas. Situação diferente, no entanto, é a das prestações que vencem após o início da execução. Nesse caso, o pagamento das três últimas prestações não livra o devedor da prisão civil. A não ser assim, a duração do processo faria por beneficiá-lo, que seria maior ou menor, conforme os obstáculos e incidentes criados. Recurso ordinário provido em parte" (3ª T., Rel. Min. Ari Pargendler, decisão de 28-5-2002, *DJ* de 17-6-2002, p. 253).

"EXECUÇÃO. ALIMENTOS. DÉBITO ATUAL. CARÁTER ALIMENTAR. PRISÃO CIVIL DO ALIMENTANTE MANTIDA. Tratando-se de dívida atual, correspondente às três últimas prestações anteriores ao ajuizamento da execução, acrescidas de mais duas vincendas, admissível é a prisão civil do devedor (art. 733 do CPC). *Habeas corpus* denegado" (4ª T., HC 17.785/RS, Rel. Min. Barros Monteiro, decisão de 11-12-2001, *DJ* de 20-5-2002).

no sentido de que a medida só poderá ser ordenada em face das três últimas parcelas em atraso, aplicando-se o procedimento comum de execução por quantia certa para as demais parcelas vencidas, não tem razão de ser. Afinal, por que apenas para as três últimas? O juiz, atuando com a devida cautela, pode, no caso concreto, decretar a prisão civil em face de mais de três prestações em atraso, respeitado, é claro, o limite máximo da prescrição da pretensão condenatória da dívida alimentar, uma vez que o recurso à execução por quantia certa (cite-se, para pagar em 24 horas, sob pena de penhora...), é, na prática, moroso e sujeito a manobras processuais, não se justificando o limite das três parcelas em atraso, o qual é prejudicial ao imediato interesse alimentar do alimentando, hipossuficiente na relação jurídica. Somente quem milita no foro vê a eficácia prática e social da prisão civil aplicada ao inadimplemento inescusável do débito alimentar"[101].

"PROCESSUAL CIVIL. EXECUÇÃO DE ALIMENTOS. COBRANÇA DAS TRÊS ÚLTIMAS PRESTAÇÕES. RITO DO ART. 733 DO CPC. DÉBITO ANTERIOR. ADEQUAÇÃO AOS LINDES DO ART. 732 DA LEI INSTRUMENTAL. I. A execução de alimentos, com a possibilidade de aplicação da pena de prisão por dívida alimentar, tem como pressuposto a atualidade do débito (art. 733 do CPC). II. A determinação do juízo para adequação da inicial, quanto à cobrança das prestações inadimplidas a mais de três meses ao rito do art. 732 do CPC, encontra respaldo na lei e na jurisprudência desta Corte. III. Recurso conhecido e desprovido" (4ª T., REsp 402.518/SP, Rel. Min. Aldir Passarinho Junior, decisão de 21-3-2002, *DJ* de 29-4-2002).

"RECURSO DE *HABEAS CORPUS*. PRISÃO CIVIL. ALIMENTOS. 1. Enfrentada e decidida fundamentadamente a questão da prisão civil pelo Tribunal *a quo*, não há falar em nulidade do Acórdão denegatório da ordem. 2. O *habeas corpus* não é via adequada para o exame aprofundado de provas e a verificação das justificativas fáticas, apresentadas em relação à inadimplência do devedor dos alimentos. 3. A jurisprudência da 2ª Seção firmou-se no sentido de que o devedor de alimentos, para livrar-se da prisão civil, deve pagar as três últimas prestações vencidas à data do mandado de citação e as vincendas durante o processo. 4. Recurso ordinário desprovido" (3ª T., ROHC 11.840/RS, Rel. Min. Carlos Alberto Menezes Direito, decisão de 2-10-2001, *DJ* de 4-2-2002).

"PRISÃO CIVIL. DEVEDOR DE ALIMENTOS. EXECUÇÃO NA FORMA DO ARTIGO 733 DO CÓDIGO DE PROCESSO CIVIL. ALEGAÇÕES QUE REMETEM A FATOS DEPENDENTES DE AMPLA INVESTIGAÇÃO PROBATÓRIA INCOMPATÍVEL COM O RITO DO *HABEAS CORPUS*. Na execução de alimentos, prevista pelo artigo 733 do Código de Processo Civil, ilegítima se afigura a prisão civil do devedor fundada no inadimplemento de prestações pretéritas, assim consideradas as anteriores às três últimas prestações vencidas antes do ajuizamento da execução. Alegações de fatos controvertidos, dependentes de investigação probatória, não se prestam à concessão do *habeas corpus*. A exoneração ou diminuição do valor fixado judicialmente a título de alimentos tem sede processual própria e distinta da via do *habeas corpus*. Recurso provido em parte, apenas para restringir o fundamento da prisão ao não pagamento das diferenças verificadas nas três prestações anteriores ao ajuizamento da execução e as vencidas no curso desta" (4ª T., ROHC 11.717/SP, Rel. Min. Cesar Asfor Rocha, decisão de 20-9-2001, *DJ* de 19-11-2001).

[101] GAGLIANO, Pablo Stolze; PAMPLONA FILHO, Rodolfo. *Novo curso de direito civil*: obrigações. 19. ed. São Paulo: Saraiva, 2018, v. II, p. 362-364.

É bom que se diga, no entanto, que a regra geral adotada pela jurisprudência brasileira ainda se encontra cristalizada na Súmula 309 do STJ, segundo a qual a prisão civil deve ser manejada apenas para a cobrança das três últimas parcelas anteriores à data do ajuizamento da execução e as que se vencerem no curso do processo.

Tudo isso, pois, bem demonstra a natureza cogente dos alimentos devidos, especialmente quando estiver em jogo o interesse dos filhos.

E, mesmo após a Emenda, a execução da pensão alimentícia em atraso poderá ser intentada nos termos acima expostos, e com os temperamentos críticos expendidos.

Mesmo reconhecendo que peculiaridades da chamada "ação de alimentos" estão fora do corte epistemológico deste livro, vale a pena transcrever, aqui, o procedimento estabelecido nos arts. 528 a 533 do Código de Processo Civil de 2015, para o cumprimento de sentença que reconheça a exigibilidade de obrigação de prestar alimentos:

> "Art. 528. No cumprimento de sentença que condene ao pagamento de prestação alimentícia ou de decisão interlocutória que fixe alimentos, o juiz, a requerimento do exequente, mandará intimar o executado pessoalmente para, em 3 (três) dias, pagar o débito, provar que o fez ou justificar a impossibilidade de efetuá-lo.
>
> § 1º Caso o executado, no prazo referido no *caput*, não efetue o pagamento, não prove que o efetuou ou não apresente justificativa da impossibilidade de efetuá-lo, o juiz mandará protestar o pronunciamento judicial, aplicando-se, no que couber, o disposto no art. 517.
>
> § 2º Somente a comprovação de fato que gere a impossibilidade absoluta de pagar justificará o inadimplemento.
>
> § 3º Se o executado não pagar ou se a justificativa apresentada não for aceita, o juiz, além de mandar protestar o pronunciamento judicial na forma do § 1º, decretar-lhe-á a prisão pelo prazo de 1 (um) a 3 (três) meses.
>
> § 4º A prisão será cumprida em regime fechado, devendo o preso ficar separado dos presos comuns.
>
> § 5º O cumprimento da pena não exime o executado do pagamento das prestações vencidas e vincendas.
>
> § 6º Paga a prestação alimentícia, o juiz suspenderá o cumprimento da ordem de prisão.
>
> § 7º O débito alimentar que autoriza a prisão civil do alimentante é o que compreende até as 3 (três) prestações anteriores ao ajuizamento da execução e as que se vencerem no curso do processo.

§ 8º O exequente pode optar por promover o cumprimento da sentença ou decisão desde logo, nos termos do disposto neste Livro, Título II, Capítulo III, caso em que não será admissível a prisão do executado, e, recaindo a penhora em dinheiro, a concessão de efeito suspensivo à impugnação não obsta a que o exequente levante mensalmente a importância da prestação.

§ 9º Além das opções previstas no art. 516, parágrafo único, o exequente pode promover o cumprimento da sentença ou decisão que condena ao pagamento de prestação alimentícia no juízo de seu domicílio.

Art. 529. Quando o executado for funcionário público, militar, diretor ou gerente de empresa ou empregado sujeito à legislação do trabalho, o exequente poderá requerer o desconto em folha de pagamento da importância da prestação alimentícia.

§ 1º Ao proferir a decisão, o juiz oficiará à autoridade, à empresa ou ao empregador, determinando, sob pena de crime de desobediência, o desconto a partir da primeira remuneração posterior do executado, a contar do protocolo do ofício.

§ 2º O ofício conterá o nome e o número de inscrição no Cadastro de Pessoas Físicas do exequente e do executado, a importância a ser descontada mensalmente, o tempo de sua duração e a conta na qual deve ser feito o depósito.

§ 3º Sem prejuízo do pagamento dos alimentos vincendos, o débito objeto de execução pode ser descontado dos rendimentos ou rendas do executado, de forma parcelada, nos termos do *caput* deste artigo, contanto que, somado à parcela devida, não ultrapasse cinquenta por cento de seus ganhos líquidos.

Art. 530. Não cumprida a obrigação, observar-se-á o disposto nos arts. 831 e seguintes.

Art. 531. O disposto neste Capítulo aplica-se aos alimentos definitivos ou provisórios.

§ 1º A execução dos alimentos provisórios, bem como a dos alimentos fixados em sentença ainda não transitada em julgado, se processa em autos apartados.

§ 2º O cumprimento definitivo da obrigação de prestar alimentos será processado nos mesmos autos em que tenha sido proferida a sentença.

Art. 532. Verificada a conduta procrastinatória do executado, o juiz deverá, se for o caso, dar ciência ao Ministério Público dos indícios da prática do crime de abandono material.

Art. 533. Quando a indenização por ato ilícito incluir prestação de alimentos, caberá ao executado, a requerimento do exequente, constituir capital cuja renda assegure o pagamento do valor mensal da pensão.

§ 1º O capital a que se refere o *caput*, representado por imóveis ou por direitos reais sobre imóveis suscetíveis de alienação, títulos da dívida pública ou aplicações financeiras em banco oficial, será inalienável e impenhorável enquanto durar a obrigação do executado, além de constituir-se em patrimônio de afetação.

§ 2º O juiz poderá substituir a constituição do capital pela inclusão do exequente em folha de pagamento de pessoa jurídica de notória capacidade econômica ou, a requerimento do executado, por fiança bancária ou garantia real, em valor a ser arbitrado de imediato pelo juiz.

§ 3º Se sobrevier modificação nas condições econômicas, poderá a parte requerer, conforme as circunstâncias, redução ou aumento da prestação.

§ 4º A prestação alimentícia poderá ser fixada tomando por base o salário mínimo.

§ 5º Finda a obrigação de prestar alimentos, o juiz mandará liberar o capital, cessar o desconto em folha ou cancelar as garantias prestadas."

Vale destacar que, além deste procedimento, que se refere ao "cumprimento de sentença que reconheça a exigibilidade de obrigação de prestar alimentos", o novo Código de Processo Civil estabelece regras expressas também para a "execução de alimentos", referente ao seu estabelecimento em título executivo extrajudicial (como, por exemplo, a escritura pública de divórcio), conforme se verifica dos arts. 911 a 913, *in verbis*:

"Art. 911. Na execução fundada em título executivo extrajudicial que contenha obrigação alimentar, o juiz mandará citar o executado para, em 3 (três) dias, efetuar o pagamento das parcelas anteriores ao início da execução e das que se vencerem no seu curso, provar que o fez ou justificar a impossibilidade de fazê-lo.

Parágrafo único. Aplicam-se, no que couber, os §§ 2º a 7º do art. 528.

Art. 912. Quando o executado for funcionário público, militar, diretor ou gerente de empresa, bem como empregado sujeito à legislação do trabalho, o exequente poderá requerer o desconto em folha de pagamento de pessoal da importância da prestação alimentícia.

§ 1º Ao despachar a inicial, o juiz oficiará à autoridade, à empresa ou ao empregador, determinando, sob pena de crime de desobediência, o desconto a partir da primeira remuneração posterior do executado, a contar do protocolo do ofício.

§ 2º O ofício conterá os nomes e o número de inscrição no Cadastro de Pessoas Físicas do exequente e do executado, a importância a ser descontada mensalmente, a conta na qual deve ser feito o depósito e, se for o caso, o tempo de sua duração.

Art. 913. Não requerida a execução nos termos deste Capítulo, observar-se-á o disposto no art. 824 e seguintes, com a ressalva de que, recaindo a penhora em dinheiro, a concessão de efeito suspensivo aos embargos à execução não obsta a que o exequente levante mensalmente a importância da prestação."

Conforme se verifica, nenhuma das eventuais controvérsias judiciais sobre fixação ou cumprimento/execução de alimentos tomam por base os motivos pelos quais se desfez o casamento (ou união estável), o que é o ponto mais importante a se destacar neste capítulo.

Vejamos, no próximo capítulo, questões referentes ao regime de bens.

Capítulo XIII

Regime de Bens com o Advento da Emenda Constitucional n. 66/2010, no Brasil

Finalmente, não é demais recordar que, no que tange ao patrimônio comum, a discussão da culpa não tem repercussão alguma, uma vez que a partilha é feita segundo o regime de bens adotado, pouco importando de quem foi a responsabilidade pelo fim do casamento.

Nesse ponto, algumas ponderações merecem ser feitas.

Por **regime de bens**, vale lembrar, entende-se o conjunto de normas que disciplina a relação jurídico-patrimonial entre os cônjuges, ou, simplesmente, o **estatuto patrimonial do casamento**.

Nessa seara, três princípios fundamentais informam o sistema: o princípio da liberdade de escolha, o princípio da variabilidade e o princípio da mutabilidade.

O primeiro afirma que, em regra, os nubentes podem, de acordo com sua autonomia privada e liberdade de opção, escolher o regime de bens que lhes aprouver. Não deve o Estado, salvo quando houver relevante motivo amparado em norma específica, intervir coativamente na relação matrimonial, impondo este ou aquele regime.

Já o princípio da variabilidade traduz a ideia de que a ordem jurídica não admite um regime único, mas sim uma multiplicidade de tipos, permitindo, assim, aos noivos, no ato de escolha, optar por qualquer deles.

Finalmente, com a entrada em vigor do Código Civil de 2002, a liberdade patrimonial dos cônjuges ganhou novos ares, acertadamente, em nosso sentir.

Até então, não era dado aos consortes modificar, no curso do casamento, o regime de bens adotado.

Com o novo Código, essa realidade mudou, uma vez que o art. 1.639, § 2º, passou a admitir o direito a tal mudança, a qualquer tempo, desde que observados os requisitos da lei.

Por essas razões, o terceiro princípio informativo do regime patrimonial passou a ser o da mutabilidade.

Nessa linha, vale registrar que o novo Código de Processo Civil estabeleceu, em seu art. 734, regras específicas acerca da alteração do regime de bens do casamento, disciplina jurídica sem equivalência na disciplina codificada anterior[102].

A escolha do regime de bens, por seu turno, é feita por meio de um contrato especial, denominado **pacto antenupcial**.

Trata-se de um negócio jurídico solene, condicionado ao casamento, por meio do qual as partes escolhem o regime de bens que lhes aprouver, segundo o princípio da autonomia privada.

Admite-se, ainda, nessa mesma linha, que os nubentes conciliem regras de regimes diversos, de maneira a adotar um estatuto patrimonial híbrido. Vale dizer, podem, por exemplo, no pacto, conjugar regras da separação convencional com dispositivos aplicáveis ao regime de participação final nos aquestos.

Embora a adoção de um regime misto não seja comum, tal situação é perfeitamente possível, segundo o princípio da autonomia privada.

O pacto antenupcial, nesse diapasão, consiste em um negócio jurídico formal, lavrado em escritura pública, condicionado ao casamento, nos termos do art. 1.653 do Código Civil:

"Art. 1.653. É nulo o pacto antenupcial se não for feito por escritura pública, e ineficaz se não lhe seguir o casamento".

É interessante notar, nos termos dessa norma, que a forma pública é essencial para a validade do negócio, o qual, como apontamos, tem a sua eficácia jurídica subordinada ao casamento, que, no caso, consiste em uma condição suspensiva.

---

[102] "Art. 734. A alteração do regime de bens do casamento, observados os requisitos legais, poderá ser requerida, motivadamente, em petição assinada por ambos os cônjuges, na qual serão expostas as razões que justificam a alteração, ressalvados os direitos de terceiros.

§ 1º Ao receber a petição inicial, o juiz determinará a intimação do Ministério Público e a publicação de edital que divulgue a pretendida alteração de bens, somente podendo decidir depois de decorrido o prazo de 30 (trinta) dias da publicação do edital.

§ 2º Os cônjuges, na petição inicial ou em petição avulsa, podem propor ao juiz meio alternativo de divulgação da alteração do regime de bens, a fim de resguardar direitos de terceiros.

§ 3º Após o trânsito em julgado da sentença, serão expedidos mandados de averbação aos cartórios de registro civil e de imóveis e, caso qualquer dos cônjuges seja empresário, ao Registro Público de Empresas Mercantis e Atividades Afins."

Se tal condição não se verifica, o pacto, portanto, não surte efeitos.

E, ainda no plano eficacial, acrescentamos que, para gerar efeitos em face de terceiros (*erga omnes*), o pacto deverá ser registrado em livro próprio no Cartório de Registro de Imóveis do domicílio dos cônjuges.

Caso pacto antenupcial não haja – situação muito frequente, por sinal – o regime de bens supletivo, como sabemos, é o da comunhão parcial, a teor do art. 1.640 do Código Civil.

Muito bem.

Expendidas todas essas importantes considerações, retornamos à nossa premissa: **em caso de separação judicial (para nós, apenas possível e factível antes da Emenda) ou de divórcio, a dissolução do patrimônio conjugal dar-se-á segundo as regras do regime de bens aplicável, independentemente de quem haja sido a "culpa" pelo fim do casamento.**

Seguindo a nossa linha de pensamento, com a extinção da separação judicial, sofrerá impacto, ainda, conforme já anunciamos linhas acima, o sistema inaugurado pela Lei n. 11.441/2007 (cujas regras já foram incorporadas no novo Código de Processo Civil).

Referida lei, como sabemos, instituiu, no Brasil, os institutos da separação, divórcio e inventário administrativos, ou seja, lavrados por escritura pública, em Tabelionato de Notas, independentemente de processo judicial.

Tratou-se de diploma muito bem-vindo na perspectiva da "desjudicialização" de importantes institutos de nosso Direito, conforme já expusemos e defendemos ao longo de toda esta obra.

Comentando este novo sistema, observa CHRISTIANO CASSETTARI:

"Trata-se de excelente inovação, muito esperada pela sociedade, que chega em boa hora, visto que tem por objetivo facilitar a realização de separações e divórcios consensuais em que não há filhos menores ou incapazes do casal, bem como do inventário em que os interessados são capazes e concordes. Em Portugal, isto já é uma realidade, dado que o art. 1.773 do Código Civil estabelece que o divórcio pode ser realizado extrajudicialmente no Registro Civil"[103].

Com a sua promulgação, e a posterior incidência da Lei n. 11.965/2009, o Código de Processo Civil de 1973, em seu art. 1.124-A, aqui já transcrito, passou a figurar com a seguinte redação, no que tange à separação e ao divórcio:

---

[103] CASSETTARI, Christiano. *Separação, divórcio e inventário por escritura pública*, cit., p. 27.

"Art. 1.124-A. A separação consensual e o divórcio consensual, não havendo filhos menores ou incapazes do casal e observados os requisitos legais quanto aos prazos, poderão ser realizados por escritura pública, da qual constarão as disposições relativas à descrição e à partilha dos bens comuns e à pensão alimentícia e, ainda, ao acordo quanto à retomada pelo cônjuge de seu nome de solteiro ou à manutenção do nome adotado quando se deu o casamento. (Incluído pela Lei n. 11.441, de 2007.)

§ 1º A escritura não depende de homologação judicial e constitui título hábil para o registro civil e o registro de imóveis. (Incluído pela Lei n. 11.441, de 2007.)

§ 2º O tabelião somente lavrará a escritura se os contratantes estiverem assistidos por advogado comum ou advogados de cada um deles ou por defensor público, cuja qualificação e assinatura constarão do ato notarial. (Redação dada pela Lei n. 11.965, de 2009.)

§ 3º A escritura e demais atos notariais serão gratuitos àqueles que se declararem pobres sob as penas da lei". (Incluído pela Lei n. 11.441, de 2007.)

Ora, é forçoso convir, mantendo a coerência com tudo que aqui defendemos, que, com a promulgação da Emenda n. 66/2010, o art. 1.124-A do Código de Processo Civil de 1973, sob comento, sofreu inequívoca revogação tácita no que tange à previsão normativa da separação consensual extrajudicial.

Com isso, pois, defendemos, à época, que o dispositivo processual passou a permitir, tão somente, o divórcio, ressalvada, obviamente, a eficácia das escrituras públicas de separação anteriores – conforme anotamos acima – e, na mesma linha, a possibilidade de os casais separados obterem a conversão em divórcio – já sem o prazo, extinto pela Emenda, no próprio cartório, se observadas as condições legais: **pedido conjunto (consentimento do casal) e ausência de filhos menores ou incapazes**.

Note-se ainda que a Resolução n. 35, de 24 de abril de 2007, do Conselho Nacional de Justiça – matriz dos diversos provimentos de Tribunais de Justiça que regulam a separação e o divórcio administrativo – também sofreu impacto a partir da nova Emenda, pelas mesmas razões acima expostas.

Estas considerações voltam à baila com o advento do novo Código de Processo Civil que, de forma absolutamente inexplicável, voltou a trazer previsões normativas sobre separação judicial (vide o já transcrito art. 733

do CPC/2015[104]), o que, como reafirmamos, é nostalgia de uma doutrina superada que se destina somente ao ostracismo do desuso.

---

[104] "Art. 733. O divórcio consensual, a separação consensual e a extinção consensual de união estável, não havendo nascituro ou filhos incapazes e observados os requisitos legais, poderão ser realizados por escritura pública, da qual constarão as disposições de que trata o art. 731".

Capítulo XIV

Aspectos Processuais do Divórcio

O objetivo original deste capítulo era apresentar uma orientação quanto aos aspectos do procedimento judicial de divórcio, visando a esclarecer dúvidas que poderiam ser suscitadas a partir da promulgação da Emenda.

Todavia, com o advento do novo Código de Processo Civil, impôs-se a sua completa revisão, adequando-o à nova disciplina positivada.

Para uma devida e completa compreensão dos aspectos processuais do divórcio judicial, organizemos em tópicos os principais pontos.

1. COMPETÊNCIA

No que tange à competência para o processamento da postulação de divórcio, algumas questões precisam ser analisadas.

De fato, seguindo a linha do art. 23, III, do novo Código de Processo Civil brasileiro, compete à autoridade judiciária brasileira, "em divórcio, separação judicial ou dissolução de união estável, proceder à partilha de bens situados no Brasil, ainda que o titular seja de nacionalidade estrangeira ou tenha domicílio fora do território nacional".

Trata-se de uma regra de competência material – e, por isso, absoluta – excluindo-se qualquer outra autoridade judiciária, ainda que de outra nacionalidade.

Esta regra preserva, inclusive, interesses de soberania nacional, já que cuida de bens situados no Brasil.

E quanto à competência territorial?

A nova disciplina processual avançou em bom sentido, na nossa visão.

Com efeito, sempre reputamos, em tese, inconstitucional a regra constante no art. 100, I, do Código de Processo Civil de 1973, segundo a qual "é competente o foro da residência da mulher, para a ação de separação dos cônjuges e a conversão desta em divórcio, e para a anulação de casamento" (redação dada pela Lei n. 6.515, de 1977).

Com o justo avanço dos direitos da mulher em nosso país, na perspectiva constitucional da isonomia, preceito normativo que pretenda a fixação de foro apenas levando em conta o sexo de uma das partes é anacrônico, injusto, senão surreal.

Para nós, a melhor solução sempre exigiu uma hermenêutica atenta às peculiaridades do caso concreto.

Na hipótese de o autor ou o interessado no pedido de conversão ser incapaz ou alimentando (beneficiário do direito aos alimentos), aí, a fixação do seu domicílio se justificaria, não simplesmente pela sua condição sexual, mas sim pela sua justificável hipossuficiência.

Fora de tais hipóteses, portanto, haveria de se observar a regra geral de foro de domicílio do réu (art. 94 do CPC de 1973), não sendo obrigatória, vale lembrar, a formulação do pedido de conversão perante o mesmo juízo prolator da sentença de separação.

O que nunca não aceitamos é a adoção de uma posição simplista tão somente amparada no sexo do divorciando, pois isso menoscaba a própria condição jurídica da mulher.

Em sentido semelhante, julgado do Tribunal de Justiça do Rio Grande do Sul:

AGRAVO DE INSTRUMENTO. EXCEÇÃO DE INCOMPETÊNCIA. HIPÓTESE DE REJEIÇÃO. COMPETÊNCIA DO FORO DO ALIMENTANDO. A competência especial de que trata o inciso II do art. 100 do CPC, competência do foro do alimentando, nas ações em que se discute alimentos deve preponderar sobre a presunção *iuris tantum* prevista no inciso I do aludido dispositivo legal, é competência do foro da mulher nas ações de divórcio e separação. No caso em exame, a regra de competência do foro do menor deve prevalecer em relação ao da mulher, já que persiste o litígio tão somente no tocante à guarda e alimentos. NEGADO SEGUIMENTO AO AGRAVO DE INSTRUMENTO (AgI 70024998445, TJRS, 7ª Câm. Cív., Rel. André Luiz Planella Villarinho, j. em 26-6-2008).

Nessa linha de raciocínio, conclui WESLEY ANDRADE com precisão:

"Estatui o art. 100, inc. I, do CPC, que é competente o foro do domicílio da residência da mulher para a ação de conversão de separação em divórcio. Porém, ao nosso sentir, o foro privilegiado da mulher casada não se coaduna com o princípio da igualdade, ou isonomia, estampado na Constituição Federal. Sabe-se que tal princípio é autoaplicável 'e deve ser considerado sob duplo aspecto: a) o da igualdade na lei; b) o da igualdade perante a lei. A igualdade na lei é exigência dirigida ao legislador, que, no processo de formação da norma, não poderá incluir fatores de discriminação que rompam com a ordem isonômica. A igualdade perante a lei pressupõe a lei já elaborada e dirige-se aos demais Poderes, que, ao aplicá-la, não poderá subordiná-la a critérios que ensejem tratamento seletivo ou discriminatório' (STF, *RDA* 183/143). Para a Carta Magna, 'homens e mulheres são iguais em direitos e obrigações' (art. 5º, inc. I). Portanto, a Constituição pôs homem e mulher em pé de igualdade, sem preconceitos e, principalmente, sem discriminações. E essa igualdade deve ser observada tanto no plano do direito material como no do direito processual, de modo que não há falar-se em foro privilegiado da mulher em detrimento do homem. Yussef Said Cahali compartilha do mesmo entendimento: 'Temos para nós que *já não mais prevalece o foro privilegiado*, assim estabelecido a benefício da mulher casada, porquanto conflita com princípio da igualdade entre os cônjuges, proclamado no art. 226, § 5.º, da Constituição Federal de 1988' ('Divórcio e Separação', tomo 1, 8ª edição, RT, p. 594). Entretanto, nossos tribunais continuam firmes no sentido de que o foro da residência da mulher é o competente para o pedido de conversão da separação judicial em divórcio (*e.g.*, STJ, REsp 27.483/SP, Rel. Ministro Waldemar Zveiter, *DJ* de 07.04.1997, p. 11112), deixando de observar a incongruência entre a norma ordinária e a norma constitucional. *Data venia*, esse pensamento merece reforma, porque com a evolução dos tempos a mulher deixou de ser a parte fraca da relação jurídica processual. A prática nos mostra constantemente situações em que a mulher é superior intelectual e financeiramente ao homem. Quanto a esse último aspecto, segundo pesquisa de emprego elaborada pelo IBGE, as mulheres estão conseguindo mais trabalho que os homens; em 1995 as mulheres eram responsáveis por 23% das famílias brasileiras; em 1999 cuidavam da casa, da saúde e das finanças de 26% dos lares. E mais: conforme pesquisa sobre condição de vida feita pela Fundação SEADE, as mulheres já são maioria entre os trabalhadores brasileiros, com participação de 51% na força de trabalho. Perfilho o entendimento, *de lege ferenda*, de que a competência às ações de separação e divórcio, direto ou indireto, é fixada pelo domicílio do marido ou da mulher. Contudo, a fim de garantir a *igualdade real*, o direito de acesso ao Judiciário, a ampla defesa e o contraditório, pode o *cônjuge hipossuficiente* ajuizar a ação de divórcio ou separação no foro do seu domicílio ou suscitar a incompetência relativa quando a ação foi ajuizada noutro foro. Inexistindo parte economicamente fraca, aquelas ações poderão ser ajuizadas tanto no domicílio do varão ou da virago. Cabe, portanto, ao magistrado, em sede de exceção de incompetência, aferir qual das partes é *hipossu-*

ficiente em relação à outra, reconhecendo a competência do foro do domicílio da primeira"[105].

E, ouvindo tais reclamos, o novo Código de Processo Civil brasileiro modificou, finalmente, a regra de competência territorial em divórcio:

"Art. 53. É competente o foro:

I – para a ação de divórcio, separação, anulação de casamento e reconhecimento ou dissolução de união estável:

a) de domicílio do guardião de filho incapaz;

b) do último domicílio do casal, caso não haja filho incapaz;

c) de domicílio do réu, se nenhuma das partes residir no antigo domicílio do casal;

II – de domicílio ou residência do alimentando, para a ação em que se pedem alimentos;

III – do lugar:

a) onde está a sede, para a ação em que for ré pessoa jurídica;

b) onde se acha agência ou sucursal, quanto às obrigações que a pessoa jurídica contraiu;

c) onde exerce suas atividades, para a ação em que for ré sociedade ou associação sem personalidade jurídica;

d) onde a obrigação deve ser satisfeita, para a ação em que se lhe exigir o cumprimento;

e) de residência do idoso, para a causa que verse sobre direito previsto no respectivo estatuto;

f) da sede da serventia notarial ou de registro, para a ação de reparação de dano por ato praticado em razão do ofício;

IV – do lugar do ato ou fato para a ação:

a) de reparação de dano;

b) em que for réu administrador ou gestor de negócios alheios;

V – de domicílio do autor ou do local do fato, para a ação de reparação de dano sofrido em razão de delito ou acidente de veículos, inclusive aeronaves." (grifos nossos)

---

[105] ANDRADE, Wesley Souza de. O divórcio indireto à luz do novo Código Civil. *Jus Navigandi*, Teresina, ano 11, n. 1.341, 4 mar. 2007. Disponível em: <http://jus2.uol.com.br/doutrina/texto.asp?id=540>. Acesso em: 6-12-2009.

Observe-se a gradação para a delimitação da competência territorial. Em primeiro lugar, verifica-se se há filhos incapazes. Havendo, é no domicílio do seu guardião que se ajuíza a ação de divórcio.

Não havendo filhos incapazes, ajuíza-se no lugar do último domicílio do casal, o que se mostra como uma regra impessoal, pois a presunção é de que os antigos membros do casal continuariam a morar no mesmo domicílio.

Como, segundo o famoso dito de Malatesta, "o ordinário se presume e o extraordinário se prova", caso ambos os cônjuges tenham mudado de domicílio após a separação de fato, o divórcio deve ser ajuizado no domicílio da parte ré.

E ressalte-se, finalmente, que a incompetência do foro **não pode ser reconhecida de ofício pelo juiz,** exigindo-se que a parte interessada oponha a exceção devida, consoante já assentado pelo próprio Superior Tribunal de Justiça:

CONFLITO DE COMPETÊNCIA. COMPETÊNCIA RELATIVA. AÇÃO DE DIVÓRCIO. A incompetência relativa não pode ser suscitada de ofício pelo juiz (Súmula 33) (CComp 10.768/PE, 2ª Seção, Rel. Min. Ruy Rosado de Aguiar, j. em 26-10-1994, *DJ* de 28-11-1994, p. 32554).

Também o Tribunal de Justiça do Distrito Federal:

AGRAVO DE INSTRUMENTO. DIVÓRCIO DIRETO. IMPOSSIBILIDADE DE DECLINAÇÃO DE OFÍCIO. COMPETÊNCIA RELATIVA. AGRAVO PROVIDO. UNÂNIME. A incompetência relativa não pode ser declarada de ofício pelo juiz, sob pena de nulidade. Inteligência da Súmula n. 33 do col. Superior Tribunal de Justiça (AgI 20090020112634, 5ª T. Cív., Rel. Lecir Manoel da Luz, j. em 11-11-2009, *DJ* de 26-11-2009, p. 97).

Parece-nos, mesmo, o melhor entendimento, inclusive mantido pelo novo Código de Processo Civil[106].

---

[106] "Art. 65. Prorrogar-se-á a competência relativa se o réu não alegar a incompetência em preliminar de contestação.
Parágrafo único. A incompetência relativa pode ser alegada pelo Ministério Público nas causas em que atuar."

2. LEGITIMIDADE

Anote-se que, à luz do art. 1.582, o pedido de divórcio somente competirá aos cônjuges, mas, se qualquer deles for incapaz (por exemplo, em função de uma superveniente doença mental) para propor a ação ou defender-se, poderá fazê-lo o seu curador, o ascendente ou o irmão.

Sobre o tema, com a erudição de sempre, FLÁVIO TARTUCE e JOSÉ FERNANO SIMÃO prelecionam:

"Assim como a ação de separação judicial, a ação de divórcio é personalíssima, pois o seu pedido somente cabe aos cônjuges (art. 1.582 do CC). Mas no caso de incapacidade do cônjuge para propor a ação (exemplo: cônjuge interditado), a lei prevê a legitimidade do curador, do ascendente ou do irmão. Discute-se a legitimidade do MP em casos tais, já que a lei não a prevê nesse dispositivo especial. Visando afastar essa dúvida, o PL 6.960/2002 pretende introduzir a legitimidade do Ministério Público"[107].

Parece-nos, realmente, o melhor entendimento sobre a matéria.

3. PETIÇÃO INICIAL E DOCUMENTOS

A partir da promulgação da Emenda, que consagra, como vimos, de uma vez por todas, o divórcio como um simples direito potestativo não condicionado e sem causa específica, dispensa-se, em regra, outros documentos, senão a certidão de casamento.

Claro está, todavia, que, caso se pretenda a realização imediata da partilha, documentos comprobatórios da titularidade dos bens integrantes do patrimônio comum devem ser colacionados.

Na mesma linha, pretensões relacionadas aos filhos pressupõem a juntada das suas respectivas certidões de nascimento.

Tudo isso, obviamente, sem deixar de levar em consideração os requisitos do art. 319 do Código de Processo Civil de 2015 (equivalente ao art. 282 do Código de Processo Civil de 1973).

Sobre a petição inicial nas ações de família, vale registrar que, quando da determinação da citação da parte ré, o mandado correspondente não trará cópia, mas, sim, conterá tão somente os dados necessários para a audiência.

---

[107] TARTUCE, Flávio; SIMÃO, José Fernando. *Direito civil*: direito de família. 2. ed. São Paulo: Método, 2007, v. 5, p. 221.

Isso porque se quer evitar que a leitura, pela parte leiga, dos termos deduzidos na postulação possa abrir ainda mais as feridas perpetradas com o fim da relação conjugal.

A prática na seara familiarista mostra que a "dureza do papel", muitas vezes, não abala somente "as pontas das grafites", mas também toda uma massa complexa de sentimentos, que vêm à tona em um turbilhão de frustrações, incompreensões e iras, toda vez que se toca em determinados assuntos, sobretudo sem o devido acompanhamento técnico.

Claro que a parte ré tem todo o direito de examinar o conteúdo da petição inicial[108], comparecendo à secretaria da unidade judiciária onde o feito tramita.

4. RITO PROCESSUAL

Sob o prisma procedimental, o rito processual do divórcio dependerá apenas da verificação de ser ele consensual ou litigioso, uma vez que não remanesce mais a classificação entre divórcio direto e indireto.

Assim, poderá ser:

a) consensual, mediante pedido conjunto, como procedimento de jurisdição voluntária, na forma dos arts. 731 e 732 do Código de Processo Civil de 2015[109];

b) litigioso, mediante pedido formulado por um dos cônjuges em face do outro, segundo as regras dos arts. 693 a 699 do Código de Processo Civil de 2015.

---

[108] Neste sentido, estabelece o § 1º do art. 695 do novo CPC (sem correspondente no CPC de 1973):
"§ 1º O mandado de citação conterá apenas os dados necessários à audiência e deverá estar desacompanhado de cópia da petição inicial, assegurado ao réu o direito de examinar seu conteúdo a qualquer tempo".
[109] "Art. 731. A homologação do divórcio ou da separação consensuais, observados os requisitos legais, poderá ser requerida em petição assinada por ambos os cônjuges, da qual constarão:
I – as disposições relativas à descrição e à partilha dos bens comuns;
II – as disposições relativas à pensão alimentícia entre os cônjuges;
III – o acordo relativo à guarda dos filhos incapazes e ao regime de visitas; e
IV – o valor da contribuição para criar e educar os filhos.
Parágrafo único. Se os cônjuges não acordarem sobre a partilha dos bens, far-se-á esta depois de homologado o divórcio, na forma estabelecida nos arts. 647 a 658.
Art. 732. As disposições relativas ao processo de homologação judicial de divórcio ou de separação consensuais aplicam-se, no que couber, ao processo de homologação da extinção consensual de união estável."

Vale destacar que, conforme preceitua o art. 189, II, do CPC/2015 (equivalente, no particular, ao art. 155, II, do CPC/1973), tramitam em segredo de justiça os atos processuais "que versem sobre casamento, separação de corpos, divórcio, separação, união estável, filiação, alimentos e guarda de crianças e adolescentes".

Em termos procedimentais, os militantes na seara do Direito de Família foram prestigiados pelo novo Código de Processo Civil.

Com efeito, foi previsto um Capítulo específico ("Capítulo X"), do Título III ("Dos Procedimentos Especiais"), para as chamadas "Ações de Família".

Nesse diapasão, preceitua o art. 693:

"Art. 693. As normas deste Capítulo aplicam-se aos processos contenciosos de divórcio, separação, reconhecimento e extinção de união estável, guarda, visitação e filiação.

Parágrafo único. A ação de alimentos e a que versar sobre interesse de criança ou de adolescente observarão o procedimento previsto em legislação específica, aplicando-se, no que couber, as disposições deste Capítulo".

Trata-se do estabelecimento de um procedimento básico para as "ações de família", que leva em consideração as peculiaridades desta área tão delicada e sensível.

É por isso que, de forma expressa, foi estabelecida diretriz ampla na busca de uma solução consensual, conforme verificaremos no próximo subtópico.

5. TENTATIVA DE CONCILIAÇÃO, MEDIAÇÃO EXTRAJUDICIAL OU ATENDIMENTO MULTIDISCIPLINAR

Conforme explicitamos no último subtópico, a delicadeza da área de família impõe um tratamento diferenciado na apreciação de demandas judiciais.

De fato, é preciso compreender que a busca de uma solução consensual deve ser encarada como a premissa básica de toda a condução de uma postulação levada a juízo.

E solução consensual é, aqui, entendida da forma mais ampla possível.

Pode-se e deve-se buscar a conciliação.

De todas as formas!

Mas, se não prosperar, pelo reconhecimento da efetiva falência da relação afetiva, é fundamental respeitar a autonomia da vontade dos envolvidos, principalmente o seu direito potestativo de extinguir a relação conjugal.

É imprescindível desenvolver a maturidade emocional e psicológica para reconhecer-se indivíduo que pode exercitar a sua liberdade.

E, para isso, o Direito é muito pouco...

É importantíssimo buscar auxílio em outros campos do pensamento para aproximar as partes, se não para reconciliar, pelo menos para aparar as arestas que obstaculizam a comunicação, mediando-se ou conciliando-se.

Técnicas e procedimentos de profissionais da psicologia, psiquiatria, serviço social, teologia, entre outros campos do pensamento, podem ser de extrema utilidade para resolver o conflito com uma eficiência impensável para o mundo jurídico[110].

Expressar-se... colocar para fora o que se sente... conseguir falar, mas também aprender a ouvir...

É esta a *ratio* do *caput* do art. 694 do Código de Processo Civil de 2015 (sem correspondente na codificação processual anterior), que determina, *in verbis*:

> "Art. 694. Nas ações de família, todos os esforços serão empreendidos para a solução consensual da controvérsia, devendo o juiz dispor do auxílio de profissionais de outras áreas de conhecimento para a mediação e conciliação.
>
> Parágrafo único. A requerimento das partes, o juiz pode determinar a suspensão do processo enquanto os litigantes se submetem a mediação extrajudicial ou a atendimento multidisciplinar".

A mediação servirá para aproximar as partes para uma solução consensual, na busca de propostas que possam atender seus anseios e pretensões.

Já o atendimento multidisciplinar pode ter como fito o tratamento das feridas e dos traumas que os problemas familiares acarretam, construindo canais de comunicação entre as partes envolvidas, o que pode direcionar para uma reconciliação, ou, até mesmo, para um desfazimento da relação de uma forma mais madura e menos dramática.

Observe-se, por fim, que este mandamento, topologicamente, foi inserido na codificação antes mesmo de se falar em citação.

Isso porque nada impede que, ajuizada a ação e antes mesmo de determinada a citação formal, as partes requeiram a suspensão do processo, visando a uma composição consensual.

---

[110] É sintomática desta visão a redação do art. 699 do novo Código de Processo Civil: "Art. 699. Quando o processo envolver discussão sobre fato relacionado a abuso ou a alienação parental, o juiz, ao tomar o depoimento do incapaz, deverá estar acompanhado por especialista".

Mas como deve ser a citação nas ações de família?
É o tema do próximo subtópico.

6. CITAÇÃO

Recebida a petição inicial e, se for o caso, tomadas as providências referentes à tutela antecipatória[111], o juiz ordenará a citação do réu para

---

[111] Nesse sentido, tratando do "Divórcio Liminar", tutela essencialmente de evidência, escreveu um dos coautores da presente obra:

"Não haveria sentido em se manter aquele casal – cujo afeto ruiu – matrimonialmente unido, considerando-se não haver mais condição ou requisito para o divórcio, enquanto se discutiam – durante semanas, meses, ou, talvez, anos – os efeitos paralelos ou colaterais do casamento, a exemplo do valor da pensão ou do destino dos bens.

Raciocínio diverso, em uma sociedade acentuadamente marcada pela complexidade das relações sociais – no dizer profético de DURKHEIM – com todas as dificuldades imanentes ao nosso sistema judicial, é, em nosso sentir, uma forma de imposição de sofrimento àqueles que já se encontram, possivelmente, pelas próprias circunstâncias da vida, suficientemente punidos.

E este sofrimento – fala-se, aqui, em *strepitus fori* – prolonga-se, quando a solução judicial, em virtude de diversos fatores alheios à vontade do casal, não se apresenta com a celeridade devida.

Por isso, nada impede que o juiz, liminarmente, antecipe os efeitos definitivos da sentença, com amparo no art. 273, § 6º, do Código de Processo Civil, para decretar, ainda no curso do processo, o divórcio do casal:

Art. 273. O juiz poderá, a requerimento da parte, antecipar, total ou parcialmente, os efeitos da tutela pretendida no pedido inicial, desde que, existindo prova inequívoca, se convença da verossimilhança da alegação e: (Redação dada pela Lei n. 8.952, de 13-12-1994)

I – haja fundado receio de dano irreparável ou de difícil reparação; ou (Incluído pela Lei n. 8.952, de 13-12-1994)

II – fique caracterizado o abuso de direito de defesa ou o manifesto propósito protelatório do réu. (Incluído pela Lei n. 8.952, de 13-12-1994)

(...)

§ 6º A tutela antecipada também poderá ser concedida quando um ou mais dos pedidos cumulados, ou parcela deles, mostrar-se incontroverso. (grifos nossos)

Empregamos, conscientemente a expressão "divórcio liminar", na medida em que se trata de providência que pode ser adotada no limiar do processo, ou seja, *in limine litis*.

E não olvidamos que, em essência, trata-se da antecipação dos efeitos definitivos incontroversos da sentença, porquanto, como dito acima, por se tratar, o divórcio, de um direito potestativo, não haveria razão ou justificativa de mérito hábil a impedir a sua decretação.

Nesse contexto, podemos concluir, então, ser juridicamente possível que o casal obtenha o divórcio mediante uma simples medida liminar, devidamente fundamentada, enquanto ainda tramita o procedimento para o julgamento final dos demais pedidos cumulados.

Tal conclusão vai ao encontro dos princípios fundamentais do novo Direito de Família, na perspectiva sempre presente da dignidade da pessoa humana.

E que eles sejam felizes".

comparecer à audiência de mediação e conciliação, conforme determina o *caput* do art. 695, do Código de Processo Civil de 2015.

Tecnicamente, a citação é o ato processual por meio do qual se dá ciência formal da existência do processo ao réu, abrindo-lhe prazo para a apresentação de sua resposta.

Nas ações de família, em que se inclui o divórcio, esta citação tem de ser pessoal, na forma do § 3º do art. 695 do Código de Processo Civil de 2015[112].

Sobre tal citação, porém, duas observações são imprescindíveis.

A primeira é que, quando da ordem de citação, o mandado correspondente, como já dito, não trará cópia, e sim, conterá tão somente os dados necessários para a audiência.

Tal determinação tem por finalidade evitar que o recebimento e leitura do inteiro teor da postulação possa abrir ainda mais as feridas causadas com o fim da relação conjugal.

E, como salientamos, nada impede que a parte, citada, compareça pessoalmente ao juízo e leia diretamente a petição[113].

A segunda observação é que esta citação não abre prazo para contestação.

De fato, funciona ela apenas como a cientificação formal da existência da relação jurídica processual, assim também como notificação da designação da audiência.

O único prazo demarcado por esta citação é dilatório (ou seja, não peremptório) de, no mínimo, 15 (quinze) dias, para a realização da audiência de mediação e conciliação, que deve ser a regra neste procedimento (art. 695, § 2º, do CPC/2015).

Observe-se que tal prazo é, em verdade, um interstício mínimo para a preparação da parte ré para a audiência, podendo ser renunciado, a seu critério, caso se sinta em condições de participar da sessão e se houver possibilidade de antecipação da pauta.

Não há, por outro lado, prazo máximo para a designação, o que, na prática, deve ser verificado com o prudente arbítrio do juízo, na ponderação entre a estrutura física disponibilizada e o princípio constitucional da duração razoável do processo.

GAGLIANO, Pablo Stolze. *Divórcio Liminar*. Disponível em: <http://jus.com.br/artigos/28187/divorcio-liminar#ixzz3k8kqLQgY>. Acesso em: 28-8-2015.

[112] "§ 3º A citação será feita na pessoa do réu."

[113] Nesse sentido, estabelece o § 1º do art. 695 do novo CPC (sem correspondente no CPC de 1973):

"§ 1º O mandado de citação conterá apenas os dados necessários à audiência e deverá estar desacompanhado de cópia da petição inicial, assegurado ao réu o direito de examinar seu conteúdo a qualquer tempo."

E para que serve esta audiência?
É o que veremos no próximo tópico.

7. AUDIÊNCIA

O codificador processual civil de 2015, ao estabelecer um procedimento básico para as ações de família, elegeu a audiência de mediação e conciliação como um ato processual obrigatório e adequado para as peculiaridades dos conflitos de tal natureza.

Isso porque as tentativas de mediação e as propostas conciliatórias podem ser instrumentos efetivamente úteis para soluções consensuais dos conflitos de família.

Na audiência, as partes deverão estar acompanhadas de seus advogados ou de defensores públicos, na forma do § 4º do art. 695, do Código de Processo Civil de 2015, para que, devidamente assistidas, possam manifestar as suas apreensões e expectativas.

Mesmo antes do advento do novo Código de Processo Civil, afirmamos expressamente, em edições anteriores desta obra, a possibilidade de se tentar a reconciliação do casal, e, claro, não sendo possível, partir-se para a mediação ou conciliação.

Arriscamos afirmar que o processo judicial de divórcio é muito melhor encerrado, atingindo sua finalidade social, com a homologação de uma reconciliação ou por meio de uma sentença homologatória de divórcio consensual do que com o simples prolatar de uma sentença de procedência.

Daí, estabelece o art. 696, do Código de Processo Civil de 2015:

"Art. 696. A audiência de mediação e conciliação poderá dividir-se em tantas sessões quantas sejam necessárias para viabilizar a solução consensual, sem prejuízo de providências jurisdicionais para evitar o perecimento do direito".

Trata-se de uma questão de enorme importância pragmática.

Enquanto estejam sendo realizadas sessões de audiência de mediação e conciliação, não há prazo em curso para contestação, ressalvadas, obviamente, a realização de diligências e "providências jurisdicionais para evitar o perecimento do direito".

Louvamos esta previsão, mas é necessário que o direito conferido pela norma seja exercido de forma não abusiva, para se evitar a má-fé processual no prolongamento injustificado do processo. Em tais casos, o juiz deverá, após concluir pela frustração das tentativas conciliatórias, expressamente, marcar o início da abertura do prazo para a contestação.

Na forma do art. 697, do Código de Processo Civil de 2015, sem correspondente na codificação anterior, não realizado o acordo, passarão a incidir, a partir de então, as normas do procedimento comum, observado o art. 335, o que significa dizer que, a partir do momento da certificação da impossibilidade de uma solução negociada, abre-se o prazo de 15 (quinze) dias para apresentação de resposta.

Recomenda-se, enfaticamente, que esta certificação (da não realização do acordo), com a abertura do prazo correspondente, seja registrada em ata, para efeito de segurança jurídica e efetiva verificação do *dies a quo*.

Nada impede, todavia, que, até o fim do processo, as partes conciliem.

Enfrentar a mudança cultural é a proposta que se lança ao jurista da contemporaneidade.

8. MATÉRIA DE RESPOSTA NO DIVÓRCIO LITIGIOSO

Ajuizado pedido de divórcio judicial litigioso, o que pode o outro cônjuge alegar?

A resposta ao divorciando, fora o suscitar de questões processuais[114], limitar-se-ia, no mérito, aos efeitos colaterais do divórcio, qual seja, como visto, a título exemplificativo, a guarda dos filhos, alimentos, uso do nome e divisão do patrimônio familiar.

Não há, portanto, como resistir ao mérito da postulação de divórcio, mas, sim, tão somente propugnar por uma mais adequada disciplina de seus reflexos.

Abstraídas tais questões, qualquer outra discussão sobre culpa no término da relação conjugal está fora dos limites da lide.

9. PARTILHA DE BENS

Importante mudança trazida pelo Código Civil de 2002, e que merece destaque, diz respeito à revogação do art. 43 da Lei n. 6.515/77[115], para

---

[114] Poderia o réu alegar, ao menos em tese, a nulidade ou mesmo a inexistência do vínculo conjugal, o que levaria à extinção da postulação sem resolução do mérito.
[115] Lei n. 6.515, de 26-12-1977: *"Art. 43. Se, na sentença do desquite, não tiver sido homologada ou decidida a partilha dos bens, ou quando esta não tenha sido feita posteriormente, a decisão de conversão disporá sobre ela"*.

admitir que o divórcio, em qualquer das suas modalidades, possa ser concedido sem que haja prévia partilha de bens.

A inovação aparentemente foi boa, pois muitos casais não se sentiam incentivados a pedir o divórcio, mesmo falida a afetividade que os unia, por conta da até então obrigatória necessidade de partilha prévia dos seus bens[116].

Com a mudança, o divórcio poderá ser concedido, facultando-se a partilha para momento posterior, pela via própria, que, em tese, poderá ser até mesmo uma ação de divisão.

Ademais, o que a nossa prática judicial tem permitido constatar é que tais casais, posto divorciados, não partilham os seus bens em vida, deslocando essa delicada tarefa para o juízo do inventário.

Mas é de bom alvitre lembrar, nessa seara, a teor do art. 1.523, III, do Código Civil, já estudado no tópico dedicado às causas suspensivas do casamento, que, havendo novo matrimônio por parte de um dos cônjuges que, divorciado, não partilhou os seus bens, o seu novo regime de bens obrigatoriamente será o de separação legal, para impedir a confusão patrimonial em face do anterior consorte.

Logicamente que, após o divórcio, mesmo que não tenha havido partilha, deixa de existir comunhão de bens entre os cônjuges.

Todavia, consoante acertado entendimento do Superior Tribunal de Justiça, mesmo antes da dissolução do casamento, havendo ruptura fática da vida em comum, não se justificaria mais, por princípio de equidade – e até mesmo para evitar enriquecimento sem causa – a comunicabilidade de bens adquiridos:

AGRAVO REGIMENTAL. AGRAVO DE INSTRUMENTO. DIREITO DE FAMÍLIA. DIVÓRCIO DIRETO. SEPARAÇÃO DE FATO. PARTILHA DE BENS.

1. O conjunto de bens adquiridos por um dos cônjuges, após a separação de fato, não se comunica ao outro, não podendo, por isso, ser partilhado. Precedentes.

2. Agravo regimental não provido (AgRg no Ag. 682.230/SP, 3ª T., Rel. Min. Vasco Della Giustina, desembargador convocado do TJRS, j. em 16-6-2009, *DJe* de 24-6-2009).

---

[116] Para o divórcio direto, já previa a antiga Súmula 197 do STJ: "O divórcio direto pode ser concedido sem que haja prévia partilha de bens".

10. EFEITOS JURÍDICOS DA RECONCILIAÇÃO PÓS-AJUIZAMENTO DO PEDIDO DE DIVÓRCIO

A título de arremate, vale trazer algumas considerações acerca dos efeitos jurídicos da reconciliação pós-ajuizamento do pedido de divórcio.

Se a postulação judicial do divórcio ainda não tinha sido acolhida pelo magistrado, a hipótese é, simplesmente, de desistência do pedido, com a extinção do processo sem resolução do mérito.

Se, porém, já houver sentença, ainda que não transitada em julgado, não há como rever a matéria fora dos limites objetivos da lide.

Na mesma linha, se as partes se reconciliarem após o trânsito em julgado, ou seja, após o reconhecimento jurídico definitivo do divórcio, nada mais poderá ser feito senão contrair novas núpcias com o mesmo cônjuge, não havendo limites, como dito, para o ato de se casar com a mesma pessoa (desde que atendidas as regras de validade do matrimônio).

E que sejam felizes!

E que o amor dure ainda mais...

Capítulo XV

Questões de Direito Intertemporal

Neste capítulo, pretende-se esclarecer as potenciais dúvidas práticas em relação a situações consolidadas ou em curso quando da promulgação da Emenda Constitucional do Divórcio.

Trata-se de uma proposta inesgotável, pelo que, à medida que o dia a dia traga novas dúvidas, comprometemo-nos com o nosso público leitor a tentar enfrentá-las em eventuais futuras edições deste livro.

Vamos ao debate!

1. SITUAÇÃO JURÍDICA DAS PESSOAS SEPARADAS JUDICIALMENTE QUANDO DA PROMULGAÇÃO DA EMENDA CONSTITUCIONAL

Note-se que as pessoas já separadas ao tempo da promulgação da Emenda **não podem ser consideradas** automaticamente divorciadas.

Não haveria sentido algum.

Esse entendimento, aliás, a par de gerar grave insegurança jurídica, resultaria no desagradável equívoco de se pretender modificar uma situação jurídica consolidada segundo as normas vigentes à época da sua constituição, sem que tivesse havido manifestação de qualquer das partes envolvidas.

Ademais, é bom lembrar que uma modificação assim pretendida – caída do céu – culminaria por transformar o próprio estado civil da pessoa até então separada.

Como ficariam, por exemplo, as relações jurídicas travadas com terceiros pela pessoa até então judicialmente separada?

À vista do exposto, portanto, a alteração da norma constitucional não teria o condão de modificar uma situação jurídica perfeitamente consolidada segundo as regras vigentes ao tempo de sua constituição, sob pena de gerar, como dito, perigosa e indesejável insegurança jurídica.

Em outras palavras: a partir da entrada em vigor da Emenda Constitucional, as pessoas judicialmente separadas (por meio de sentença proferida[117] ou escritura pública lavrada[118]) não se tornariam imediatamente divorciadas, exigindo-se-lhes o necessário pedido de decretação do divórcio, para o que, por óbvio, não haveria mais a necessidade de cômputo de qualquer prazo[119].

Respeita-se, com isso, o próprio ato jurídico perfeito.

Situação análoga se viveu, certamente, quando a Lei do Divórcio (Lei n. 6.515, de 26-12-1977) extinguiu o "desquite", substituindo-o pela "separação judicial". Quem tinha o estado civil de "desquitado" continuou sendo desquitado; não se converteu em "separado".

Vale anotar ainda que o CNJ, ao editar a Resolução n. 120, de 30 de setembro de 2010, alterando dispositivos da Resolução n. 35, de 24 de abril de 2007, que disciplina a aplicação da Lei n. 11.441/2007 pelos serviços notariais e de registro, admitiu que essa mudança, em determinados casos, pode ser formalizada administrativamente.

Com efeito, a nova redação do art. 52 da referida resolução autoriza que os "cônjuges separados judicialmente podem, mediante escritura pública, converter a separação judicial ou extrajudicial em divórcio, mantendo as mesmas condições ou alterando-as", dispensando "a apresentação de certidão atualizada do processo judicial, bastando a certidão da averbação da separação no assento do casamento".

Trata-se de salutar medida de acesso a um eficiente e célere serviço público, o que se aplaude.

2. PROCESSOS DE SEPARAÇÃO JUDICIAL EM CURSO, SEM PROLAÇÃO DE SENTENÇA

Que dizer dos **processos de separação judicial em curso, ainda sem prolação de sentença?**

---

[117] Independentemente do seu trânsito em julgado, pois, com a prolação da sentença, esgota-se o ofício jurisdicional, nos limites do pedido e do *thema decidendum*.

[118] Neste último caso, nos termos da Lei n. 11.441/2007 (separação consensual administrativa).

[119] Nesse ponto, discordamos de Maria Berenice Dias, quando escreve: "O avanço é significativo e para lá de salutar, pois atende aos princípios da liberdade e respeita a autonomia da vontade. Afinal, se não há prazo para casar, nada justifica a imposição de prazos para o casamento acabar. Com a alteração, acaba o instituto da separação. As pessoas que eram separadas judicialmente passam ao estado civil de divorciadas. Além disso, a medida produzirá significativo desafogo do Poder Judiciário, pois todos os processos de separação automaticamente se transformarão em ação de divórcio" (*Até que enfim...*, texto disponível em: <http://www.ibdfam.org.br/?artigos&artigo=513>. Acesso em: 22-12-2009). Na mesma linha do pensamento que defendemos, outrossim, Paulo Lôbo: "Os separados judicialmente (ou extrajudicialmente) continuam nessa qualidade, até que promovam o divórcio (direto), por iniciativa de um ou de ambos, mantidas as condições acordadas ou judicialmente decididas" (texto citado).

Nesse caso, a solução, em nosso sentir, é simples.

Deverá o juiz oportunizar à parte autora (no procedimento contencioso) ou aos interessados (no procedimento de jurisdição voluntária), mediante concessão de prazo, a adaptação do seu pedido ao novo sistema constitucional, convertendo-o em requerimento de divórcio[120].

Nesse particular, não deverá incidir a vedação constante no art. 264 do Código de Processo Civil, segundo o qual, "feita a citação, é defeso ao autor modificar o pedido ou a causa de pedir, sem o consentimento do réu, mantendo-se as mesmas partes, salvo as substituições permitidas por lei. Parágrafo único. A alteração do pedido ou da causa de pedir em nenhuma hipótese será permitida após o saneamento do processo".

Isso porque não se trata de uma simples inovação de pedido ou da causa de pedir no curso do processo, em desrespeito aos princípios da boa-fé objetiva e da cooperatividade, que impedem seja uma das partes colhida de surpresa ao longo da demanda.

De modo algum.

O que sucede, em verdade, é uma alteração da base normativa do direito material discutido, por força de modificação constitucional, exigindo-se, com isso, adaptação ao novo sistema, sob pena de afronta ao próprio princípio do *devido processo civil constitucional*.

Caso se recusem, ou deixem transcorrer o prazo concedido *in albis*, deverá o magistrado extinguir o processo, sem resolução do mérito, por perda de interesse processual superveniente (art. 485, VI, CPC/2015)[121].

---

[120] "(...) Com a sobrevinda da Emenda Constitucional n. 66/10, a conferir nova redação ao parágrafo 6º do art. 226 da Constituição, o instituto da separação foi abolido da ordem jurídica brasileira, passando o divórcio a figurar como única ação para dissolução do casamento. Nesse contexto, e considerando se tratar Emenda de norma de aplicação imediata, com alcance a todas as ações em andamento, inclusive aquelas em grau de recurso, oportuniza-se às partes a conversão do processo de separação em ação de divórcio, a fim de se evitar a extinção do processo sem resolução do mérito, por impossibilidade jurídica do pedido, em prestígio aos Princípios da Efetividade, Economia e Celeridade processuais. No caso dos autos, manifestado assentimento expresso por ambas as partes, decreta-se, desde já, o divórcio, em conformidade com o novo comando constitucional. (...)" (TJMG, Apelação Cível 1.0024.09.735393-2/001, 1ª Câmara Cível, Rel. Des. Eduardo Andrade, pub. 25-4-2013).

[121] Certamente haverá os que defendam a extinção do feito, nesse caso, por impossibilidade jurídica do pedido (de separação). Mas, por coerência com o nosso pensamento no sentido da manutenção do *statu quo* daqueles já separados judicialmente, reputamos mais lógico e razoável compreendermos, na hipótese, a ocorrência de uma perda superveniente de interesse processual. Até porque, quando da formulação do pedido, existia a sua possibilidade jurídica. Mas, sob um fundamento ou outro – pouco importa –, o processo será extinto sem resolução do mérito.

Se, entretanto, dentro no prazo concedido, realizarem a devida adaptação do pedido, recategorizando-o, à luz do princípio da conversibilidade, como de divórcio, o processo seguirá o seu rumo normal, com vistas à decretação do fim do próprio vínculo matrimonial, na forma do novo sistema constitucional inaugurado a partir da promulgação da Emenda.

REFERÊNCIAS

AHRONS, Constance R; RODGERS, Roy H. *Divorced families*: a multidisciplinary development view. New York: Norton, 1987.

ALVES, Adriana. Alienação fiduciária, prisão civil do devedor – admissibilidade. *Revista de Direito Privado*, São Paulo: Revista dos Tribunais, v. 1, jan./mar. 2000.

ALVES, Leonardo Barreto Moreira. *O fim da culpa na separação judicial*. Belo Horizonte: Del Rey, 2007.

_____. A guarda compartilhada e a Lei n. 11.698/08. *Jus Navigandi*, Teresina, ano 13, n. 2.106, 7 abr. 2009. Disponível em: <http://jus2.uol.com.br/doutrina/texto.asp?id=12592>. Acesso em: 27-12-2009.

AMORIM, Sebastião; OLIVEIRA, Euclides. *Separação e divórcio*. 5. ed. São Paulo: Leud, 1999.

ANDRADE, Wesley Souza de. O divórcio indireto à luz do novo Código Civil. *Jus Navigandi*, Teresina, ano 11, n. 1.341, 4 mar. 2007. Disponível em: <http://jus2.uol.com.br/doutrina/texto.asp?id=540>. Acesso em: 6-12-2009.

CAHALI, Yussef Said. *Divórcio e separação*. 9. ed. São Paulo: Revista dos Tribunais, 2000.

CARVALHO NETO, Inácio de. *A morte presumida como causa de dissolução do casamento*. Disponível em: <http://www.flaviotartuce.adv.br/secoes/artigosc/INACIO_MORTE%20.doc.>. Acesso em: 10-1-2010.

CASSETTARI, Christiano. *Separação, divórcio e inventário por escritura pública*: teoria e prática. 3. ed. São Paulo: Gen/Método, 2008.

CHAVES, Antônio. *Segundas núpcias*. 2. ed. Belo Horizonte: Nova Alvorada, 1997.

CHAVES, Cristiano; ROSENVALD, Nelson. *Direito das famílias*. Rio de Janeiro: Lumen Juris, 2009.

CHAVES, Cristiano; ROSENVALD, Nelson; BARRETO, Fernanda Carvalho Leão. In: *Código das famílias comentado*. Coord. Leonardo Barreto Moreira Alves. Comentário ao art. 1.579. Belo Horizonte: Del Rey, 2010.

CHURCHILL, Winston Spencer Leonard. *Memórias da Segunda Guerra Mundial*. 3. ed. Rio de Janeiro: Nova Fronteira, 2005. v. 2.

COELHO, Francisco; OLIVEIRA, Guilherme de. *Curso de direito de família*: introdução – direito matrimonial. 2. ed. Coimbra: Coimbra Ed., 2001. v. I.

CRUZ, Guilherme Braga da. *Direitos de família*. 2. ed. Coimbra: Coimbra, Ed., 1942. v. 1.

CUNHA JÚNIOR, Dirley da. *Controle de constitucionalidade*: teoria e prática. Salvador: JusPodivm, 2006.

DIAS, Maria Berenice. *Amor proibido*. Disponível em: <http://www.mariaberenice.com.br/manager/arq/(cod2_766)5__amor_proibido1.pdf>. Acesso em: 3-5-2018.

_____. *Até que enfim...* Disponível em: <http://www.ibdfam.org.br/?artigos&artigo=513>. Acesso em: 22-12-2009.

DIDIER JUNIOR, Fredie; OLIVEIRA, Rafael. *Aspectos processuais civis da Lei Maria da Penha* (violência doméstica e familiar contra a mulher). Disponível em: <http://www.egov.ufsc.br/portal/conteudo/aspectos-processuais-civis-da-lei-maria-da-penha-viol%C3%AAncia-dom%C3%A9stica-e-familiar-contra-mulh>. Acesso em: 30-3-2015.

DINIZ, Maria Helena. *Curso de direito civil brasileiro*: direito de família. 32. ed. São Paulo: Saraiva, 2018. v. 5.

FACHIN, Luiz Edson. *Elementos críticos do direito de família*: curso de direito civil. Rio de Janeiro: Renovar, 1999.

_____. *A família fora de lugar*. Disponível em: <http://www.ibdfam.org.br/?artigos&artigo=487>. Acesso em 12-1-2010.

FERREIRA, Ana Amélia; NEVES, Luiz Octávio. *Projeto de lei sobre divórcio on line é inútil*. Disponível em: <http://www.conjur.com.br/2009-set-23/projeto-lei-pretende-instituir-divorcio-online-inutil>. Acesso em: 29-11-2009.

GAGLIANO, Pablo Stolze. *Divórcio liminar*. Disponível em: <http://jus.com.br/artigos/28187/divorcio-liminar#ixzz3k8kqLQgY>. Acesso em: 28-8-2015.

GAGLIANO, Pablo Stolze; PAMPLONA FILHO, Rodolfo. *Novo curso de direito civil*: parte geral. 20. ed. São Paulo: Saraiva, 2018. v. I.

_____. *Novo curso de direito civil*: obrigações. 19. ed. São Paulo: Saraiva, 2018. v. II.

_____. *Novo curso de direito civil*: responsabilidade civil. 16. ed. São Paulo: Saraiva, 2018. v. III.

_____. *Novo curso de direito civil*: contratos. 1. ed. unificada. São Paulo: Saraiva, 2018. v. IV.

GOMES, Orlando. *Direito de família*. 11. ed. Rio de Janeiro: Forense, 1999.

_____. *Introdução ao direito civil*. 18. ed. Rio de Janeiro: Forense, 2001.

GONÇALVES, Carlos Roberto. *Direito civil brasileiro*: parte geral. 16. ed. São Paulo: Saraiva, 2018. v. 1.

GRISARD FILHO, Waldyr. *Famílias reconstituídas*: novas uniões depois da separação. São Paulo: Revista dos Tribunais, 2007.

HIRONAKA, Giselda Maria Fernandes Novaes. Responsabilidade civil na relação paterno-filial. *Jus Navigandi*, Teresina, ano 7, n. 66, jun. 2003. Disponível em: <http://jus2.uol.com.br/doutrina/texto.asp?id=4192>. Acesso em: 12-1-2010.

LÔBO, Paulo. *Direito civil*: famílias. 2. ed. São Paulo: Saraiva, 2009.

LÔBO, Paulo Luiz Netto. *Divórcio e separação consensuais extrajudiciais*. Disponível em: <http://www.ibdfam.org.br/?artigos&artigo=299>. Acesso em: 14-11-2009.

_____. *Divórcio*: alteração constitucional e suas consequências. Disponível em: <http://www.ibdfam.org.br/?artigos&artigo=570>. Acesso em: 22-12-2009.

MADALENO, Rolf. *Curso de direito de família*. Rio de Janeiro: Forense, 2008.

MELLO, Marcos Bernardes de. *Teoria do fato jurídico*: plano da validade. 2. ed. São Paulo: Saraiva, 1997.

MONTEIRO, Washington de Barros. *Curso de direito civil*: direito de família. 35. ed. São Paulo: Saraiva, 1999.

MOREIRA, José Carlos Barbosa. *O novo processo civil brasileiro*. 19. ed. Rio de Janeiro: Forense, 1997.

NAMUR, Samir. A irrelevância da culpa para o fim do casamento. *Revista da Faculdade de Direito de Campos*, ano VII, n. 8, 2006. Disponível em <http://www.fdc.br/Arquivos/Mestrado/Revistas/Revista08/Discente/Samir.pdf>. Acesso em: 20-12-2009.

Neues Unterhaltsrecht – ein Sieg für die Kinder!, Berlin, 9. November 2007. Rede der Bundesministerin der Justiz, Brigitte Zypries MdB, bei der 2./3. Lesung des Gesetzes zur Reform des Unterhaltsrechts am 9. November 2007 im Deutschen Bundestag. Disponível no *site* do Ministério da Justiça da Alemanha: <http://www.bmj.bund.de/enid/6bd66d45 a56c18db26de7c6c5514d023,bd23be706d635f6964092d0934383234093

a095f7472636964092d0935323933/Geschichte/Brigitte_Zypries_zc.html>. Acesso em: 9-1-2010.

PACHECO, José da Silva. *Inventários e partilhas*. 10. ed. Rio de Janeiro: Forense, 1996.

PEREIRA, Caio Mário da Silva. *Instituições de direito civil*. 19. ed. Rio de Janeiro: Forense, 2001. v. 1.

PEREIRA, Ézio Luiz. A dissolução do casamento e "culpa". Uma abordagem axiológica da garantia constitucional da "felicidade humana" (art. 3º, IV, da CF). *Jus Navigandi*, Teresina, ano 13, n. 1.955, 7 nov. 2008. Disponível em: <http://jus2.uol.com.br/doutrina/texto.asp?id=11938>. Acesso em: 25-12-2009.

PINHEIRO, Jorge. *O direito da família contemporâneo*. Lisboa: AAFDL, 2008.

PINTO, José Augusto Alves. Paraná quer aumentar número de divórcios em cartório no interior. *Consultor Jurídico*. Disponível em: <http://www.conjur.com.br/2008-jun-24/cartorios_pr_buscam_ampliacao_lei_11441?imprimir=1>. Acesso em: 14-11-2009.

SARTORI, Fernando. *A culpa como causa da separação e os seus efeitos*.Disponível em: <http://www.flaviotartuce.adv.br/secoes/artigosc.asp>. Acesso em: 20-12-2009.

SODRÉ, Nelson Werneck. *História da literatura brasileira*. Rio de Janeiro: Civilização Brasileira, 1979.

TARTUCE, Flávio. Argumentos constitucionais pelo fim da separação de direito. Disponível em: <http://www.ibdfam.org.br/?artigos&artigo=718>. Acesso em: 13-6-2011.

TARTUCE, Flávio; SIMÃO, José Fernando. *Direito civil*: direito de família. 2. ed. São Paulo: Método, 2007. v. 5.

VARELA, João de Mattos Antunes. *Direito de família*. 5. ed. Lisboa: Petrony, 1999.

VENOSA, Sílvio de Salvo. *Direito civil*: direito de família. 6. ed. São Paulo: Atlas, 2006.

_____. *Direito civil*. São Paulo: Atlas, 2001. v. I.

VOPPEL, Reinhard. *Kommentar zum Bürgerlichen Gesetzbuch mit Einführunsgesetz und Nebengesetzen – Eckpfeiler des Zivilrechts,* Berlin: J. Von Satudingers, 2008.

ANEXO 1
RESOLUÇÃO N. 35, DE 24 DE ABRIL DE 2007, DO CONSELHO NACIONAL DE JUSTIÇA

Disciplina a aplicação da Lei n. 11.441/2007 pelos serviços notariais e de registro.

A Presidente do Conselho Nacional de Justiça, no uso de suas atribuições constitucionais e regimentais, e tendo em vista o disposto no art. 19, I, do Regimento Interno deste Conselho, e

Considerando que a aplicação da Lei n. 11.441/2007 tem gerado muitas divergências;

Considerando que a finalidade da referida lei foi tornar mais ágeis e menos onerosos os atos a que se refere e, ao mesmo tempo, descongestionar o Poder Judiciário;

Considerando a necessidade de adoção de medidas uniformes quanto à aplicação da Lei n. 11.441/2007 em todo o território nacional, com vistas a prevenir e evitar conflitos;

Considerando as sugestões apresentadas pelos Corregedores-Gerais de Justiça dos Estados e do Distrito Federal em reunião promovida pela Corregedoria Nacional de Justiça;

Considerando que, sobre o tema, foram ouvidos o Conselho Federal da Ordem dos Advogados do Brasil e a Associação dos Notários e Registradores do Brasil;

Resolve:

Seção I
DISPOSIÇÕES DE CARÁTER GERAL

Art. 1º Para a lavratura dos atos notariais de que trata a Lei n. 11.441/2007, é livre a escolha do tabelião de notas, não se aplicando as regras de competência do Código de Processo Civil.

Art. 2º É facultada aos interessados a opção pela via judicial ou extrajudicial; podendo ser solicitada, a qualquer momento, a suspensão, pelo prazo de 30 dias, ou a desistência da via judicial, para promoção da via extrajudicial.

Art. 3º As escrituras públicas de inventário e partilha, separação e divórcio consensuais não dependem de homologação judicial e são títulos hábeis para o registro civil e o registro imobiliário, para a transferência de bens e direitos, bem como para promoção de todos os atos necessários à materialização das transferências de bens e levantamento de valores (DETRAN, Junta Comercial, Registro Civil de Pessoas Jurídicas, instituições financeiras, companhias telefônicas etc.).

Art. 4º O valor dos emolumentos deverá corresponder ao efetivo custo e à adequada e suficiente remuneração dos serviços prestados, conforme estabelecido no parágrafo único do art. 1º da Lei n. 10.169/2000, observando-se, quanto a sua fixação, as regras previstas no art. 2º da citada lei.

Art. 5º É vedada a fixação de emolumentos em percentual incidente sobre o valor do negócio jurídico objeto dos serviços notariais e de registro (Lei n. 10.169, de 2000, art. 3º, inciso II).

Art. 6º A gratuidade prevista na Lei n. 11.441/2007 compreende as escrituras de inventário, partilha, separação e divórcio consensuais.

Art. 7º Para a obtenção da gratuidade de que trata a Lei n. 11.441/2007, basta a simples declaração dos interessados de que não possuem condições de arcar com os emolumentos, ainda que as partes estejam assistidas por advogado constituído.

Art. 8º É necessária a presença do advogado, dispensada a procuração, ou do defensor público, na lavratura das escrituras decorrentes da Lei n. 11.441/2007, nelas constando seu nome e registro na OAB.

Art. 9º É vedada ao tabelião a indicação de advogado às partes, que deverão comparecer para o ato notarial acompanhadas de profissional de sua confiança. Se as partes não dispuserem de condições econômicas para contratar advogado, o tabelião deverá recomendar-lhes a Defensoria Pública, onde houver, ou, na sua falta, a Seccional da Ordem dos Advogados do Brasil.

Art. 10. É desnecessário o registro de escritura pública decorrente da Lei n. 11.441/2007 no Livro "E" de Ofício de Registro Civil das Pessoas Naturais; entretanto, o Tribunal de Justiça deverá promover, no prazo de 180 dias, medidas adequadas para a unificação dos dados que concentrem as informações dessas escrituras no âmbito estadual, possibilitando as buscas, preferencialmente, sem ônus para o interessado.

Seção II
DISPOSIÇÕES REFERENTES AO INVENTÁRIO E À PARTILHA

Art. 11. É obrigatória a nomeação de interessado, na escritura pública de inventário e partilha, para representar o espólio, com poderes de inventariante, no cumprimento de obrigações ativas ou passivas pendentes, sem necessidade de seguir a ordem prevista no art. 990 do Código de Processo Civil.

Art. 12. Admitem-se inventário e partilha extrajudiciais com viúvo(a) ou herdeiro(s) capazes, inclusive por emancipação, representado(s) por procuração formalizada por instrumento público com poderes especiais, vedada a acumulação de funções de mandatário e de assistente das partes.

Art. 13. A escritura pública pode ser retificada desde que haja o consentimento de todos os interessados. Os erros materiais poderão ser corrigidos, de ofício ou mediante requerimento de qualquer das partes, ou de seu procurador, por averbação à margem do ato notarial ou, não havendo espaço, por escrituração própria lançada no livro das escrituras públicas e anotação remissiva.

Art. 14. Para as verbas previstas na Lei n. 6.858/80, é também admissível a escritura pública de inventário e partilha.

Art. 15. O recolhimento dos tributos incidentes deve anteceder a lavratura da escritura.

Art. 16. É possível a promoção de inventário extrajudicial por cessionário de direitos hereditários, mesmo na hipótese de cessão de parte do acervo, desde que todos os herdeiros estejam presentes e concordes.

Art. 17. Os cônjuges dos herdeiros deverão comparecer ao ato de lavratura da escritura pública de inventário e partilha quando houver renúncia ou algum tipo de partilha que importe em transmissão, exceto se o casamento se der sob o regime da separação absoluta.

Art. 18. O(A) companheiro(a) que tenha direito à sucessão é parte, observada a necessidade de ação judicial se o autor da herança não deixar outro sucessor ou não houver consenso de todos os herdeiros, inclusive quanto ao reconhecimento da união estável.

Art. 19. A meação de companheiro(a) pode ser reconhecida na escritura pública, desde que todos os herdeiros e interessados na herança, absolutamente capazes, estejam de acordo.

Art. 20. As partes e respectivos cônjuges devem estar, na escritura, nomeados e qualificados (nacionalidade; profissão; idade; estado civil; regime de bens; data do casamento; pacto antenupcial e seu registro imobiliário, se houver; número do documento de identidade; número de inscrição no CPF/MF; domicílio e residência).

Art. 21. A escritura pública de inventário e partilha conterá a qualificação completa do autor da herança; o regime de bens do casamento; pacto antenupcial e seu registro imobiliário, se houver; dia e lugar em que faleceu o autor da herança; data da expedição da certidão de óbito; livro, folha, número do termo e unidade de serviço em que consta o registro do óbito; e a menção ou declaração dos herdeiros de que o autor da herança não deixou testamento e outros herdeiros, sob as penas da lei.

Art. 22. Na lavratura da escritura deverão ser apresentados os seguintes documentos: a) certidão de óbito do autor da herança; b) documento de identidade oficial e CPF das partes e do autor da herança; c) certidão comprobatória do vínculo de parentesco dos herdeiros; d) certidão de casamento do cônjuge sobrevivente e dos herdeiros casados e pacto antenupcial, se houver; e) certidão de propriedade de bens imóveis e direitos a eles relativos; f) documentos necessários à comprovação da titularidade dos bens móveis e direitos, se houver; g) certidão negativa de tributos; e h) Certificado de Cadastro de Imóvel Rural – CCIR, se houver imóvel rural a ser partilhado.

Art. 23. Os documentos apresentados no ato da lavratura da escritura devem ser originais ou em cópias autenticadas, salvo os de identidade das partes, que sempre serão originais.

Art. 24. A escritura pública deverá fazer menção aos documentos apresentados.

Art. 25. É admissível a sobrepartilha por escritura pública, ainda que referente a inventário e partilha judiciais já findos, mesmo que o herdeiro, hoje maior e capaz, fosse menor ou incapaz ao tempo do óbito ou do processo judicial.

Art. 26. Havendo um só herdeiro, maior e capaz, com direito à totalidade da herança, não haverá partilha, lavrando-se a escritura de inventário e adjudicação dos bens.

Art. 27. A existência de credores do espólio não impedirá a realização do inventário e partilha, ou adjudicação, por escritura pública.

Art. 28. É admissível inventário negativo por escritura pública.

Art. 29. É vedada a lavratura de escritura pública de inventário e partilha referente a bens localizados no exterior.

Art. 30. Aplica-se a Lei n. 11.441/2007 aos casos de óbitos ocorridos antes de sua vigência.

Art. 31. A escritura pública de inventário e partilha pode ser lavrada a qualquer tempo, cabendo ao tabelião fiscalizar o recolhimento de eventual multa, conforme previsão em legislação tributária estadual e distrital específicas.

Art. 32. O tabelião poderá se negar a lavrar a escritura de inventário ou partilha se houver fundados indícios de fraude ou em caso de dúvidas sobre a declaração de vontade de algum dos herdeiros, fundamentando a recusa por escrito.

Seção III
DISPOSIÇÕES COMUNS À SEPARAÇÃO E DIVÓRCIO CONSENSUAIS

Art. 33. Para a lavratura da escritura pública de separação e de divórcio consensuais, deverão ser apresentados: a) certidão de casamento; b) documento de identidade oficial e CPF/MF; c) pacto antenupcial, se houver; d) certidão de nascimento ou outro documento de identidade oficial dos filhos absolutamente capazes, se houver; e) certidão de propriedade de bens imóveis e direitos a eles relativos; e f) documentos necessários à comprovação da titularidade dos bens móveis e direitos, se houver.

Art. 34. As partes devem declarar ao tabelião, no ato da lavratura da escritura, que não têm filhos comuns ou, havendo, que são absolutamente capazes, indicando seus nomes e as datas de nascimento.

Art. 35. Da escritura, deve constar declaração das partes de que estão cientes das consequências da separação e do divórcio, firmes no propósito de pôr fim à sociedade conjugal ou ao vínculo matrimonial, respectivamente, sem hesitação, com recusa de reconciliação.

Art. 36. O comparecimento pessoal das partes é dispensável à lavratura de escritura pública de separação e divórcio consensuais, sendo admissível ao(s) separando(s) ou ao(s) divorciando(s) se fazer representar por mandatário constituído, desde que por instrumento público com poderes especiais, descrição das cláusulas essenciais e prazo de validade de 30 dias.

Art. 37. Havendo bens a serem partilhados na escritura, distinguir-se-á o que é do patrimônio individual de cada cônjuge, se houver, do que é do patrimônio comum do casal, conforme o regime de bens, constando isso do corpo da escritura.

Art. 38. Na partilha em que houver transmissão de propriedade do patrimônio individual de um cônjuge ao outro, ou a partilha desigual do patrimônio comum, deverá ser comprovado o recolhimento do tributo devido sobre a fração transferida.

Art. 39. A partilha em escritura pública de separação e divórcio consensuais far-se-á conforme as regras da partilha em inventário extrajudicial, no que couber.

Art. 40. O traslado da escritura pública de separação e divórcio consensuais será apresentado ao Oficial de Registro Civil do respectivo assento de casamento, para a averbação necessária, independente de autorização judicial e de audiência do Ministério Público.

Art. 41. Havendo alteração do nome de algum cônjuge em razão de escritura de separação, restabelecimento da sociedade conjugal ou divórcio consensuais, o Oficial de Registro Civil que averbar o ato no assento de casamento também anotará a alteração no respectivo assento de nascimento, se de sua unidade, ou, se de outra, comunicará ao Oficial competente para a necessária anotação.

Art. 42. Não há sigilo nas escrituras públicas de separação e divórcio consensuais.

Art. 43. Na escritura pública deve constar que as partes foram orientadas sobre a necessidade de apresentação de seu traslado no registro civil do assento de casamento, para a averbação devida.

Art. 44. É admissível, por consenso das partes, escritura pública de retificação das cláusulas de obrigações alimentares ajustadas na separação e no divórcio consensuais.

Art. 45. A escritura pública de separação ou divórcio consensuais, quanto ao ajuste do uso do nome de casado, pode ser retificada mediante declaração unilateral do interessado na volta ao uso do nome de solteiro, em nova escritura pública, com assistência de advogado.

Art. 46. O tabelião poderá se negar a lavrar a escritura de separação ou divórcio se houver fundados indícios de prejuízo a um dos cônjuges ou em caso de dúvidas sobre a declaração de vontade, fundamentando a recusa por escrito.

Seção IV
DISPOSIÇÕES REFERENTES À SEPARAÇÃO CONSENSUAL

Art. 47. São requisitos para lavratura da escritura pública de separação consensual: a) um ano de casamento; b) manifestação da vontade espontânea e isenta de vícios em não mais manter a sociedade conjugal e desejar a separação conforme as cláusulas ajustadas; c) ausência de filhos menores não emancipados ou incapazes do casal; e d) assistência das partes por advogado, que poderá ser comum.

Art. 48. O restabelecimento de sociedade conjugal pode ser feito por escritura pública, ainda que a separação tenha sido judicial. Neste caso, é necessária e suficiente a apresentação de certidão da sentença de separação ou da averbação da separação no assento de casamento.

Art. 49. Em escritura pública de restabelecimento de sociedade conjugal, o tabelião deve: a) fazer constar que as partes foram orientadas sobre a necessidade de apresentação de seu traslado no registro civil do assento de casamento, para a averbação devida; b) anotar o restabelecimento à margem da escritura pública de separação consensual, quando esta for de sua serventia, ou, quando de outra, comunicar o restabelecimento, para a anotação necessária na serventia competente; e c) comunicar o restabelecimento ao juízo da separação judicial, se for o caso.

Art. 50. A sociedade conjugal não pode ser restabelecida com modificações.

Art. 51. A averbação do restabelecimento da sociedade conjugal somente poderá ser efetivada depois da averbação da separação no registro civil, podendo ser simultâneas.

Seção V
DISPOSIÇÕES REFERENTES AO DIVÓRCIO CONSENSUAL

Art. 52. A Lei n. 11.441/2007 permite, na forma extrajudicial, tanto o divórcio direto como a conversão da separação em divórcio. Neste caso, é dispensável a apresentação de certidão atualizada do processo judicial, bastando a certidão da averbação da separação no assento de casamento.

Art. 53. A declaração dos cônjuges não basta para a comprovação do implemento do lapso de dois anos de separação no divórcio direto. Deve o tabelião observar se o casamento foi realizado há mais de dois anos e a prova documental da separação, se houver, podendo colher declaração de testemunha, que consignará na própria escritura pública. Caso o notário se recuse a lavrar a escritura, deverá formalizar a respectiva nota, desde que haja pedido das partes neste sentido.

Art. 54. Esta Resolução entra em vigor na data de sua publicação.

Ministra Ellen Gracie
Presidente

ANEXO 2
RESOLUÇÃO N. 120, DE 30 DE SETEMBRO DE 2010, DO CONSELHO NACIONAL DE JUSTIÇA

Altera dispositivos da Resolução n. 35, de 24 de abril de 2007, que disciplina a aplicação da Lei n. 11.441/2007 pelos serviços notariais e de registro.

O PRESIDENTE DO CONSELHO NACIONAL DE JUSTIÇA, no uso de suas atribuições legais e regimentais,

CONSIDERANDO o que foi deliberado pelo Plenário do Conselho Nacional de Justiça na sua 112ª Sessão Ordinária, realizada em 14 de setembro de 2010, no julgamento do Pedido de Providências n. 0005060-32.2010.2.00.0000;

RESOLVE:

Art. 1º O art. 52 da Resolução CNJ n. 35 passa a vigorar com as seguintes alterações:

Art. 52. Os cônjuges separados judicialmente podem, mediante escritura pública, converter a separação judicial ou extrajudicial em divórcio, mantendo as mesmas condições ou alterando-as. Nesse caso, é dispensável a apresentação de certidão atualizada do processo judicial, bastando a certidão da averbação da separação no assento do casamento.

Art. 2º Fica revogado o art. 53 da Resolução n. 35.

Art. 3º Esta Resolução entra em vigor na data de sua publicação.

Ministro Cezar Peluso